RAPPORTARSI CON GLI ALTRI E CON SE STESSI

Conversazioni sulla psicologia transazionale e dintorni

Nazzareno Venturi

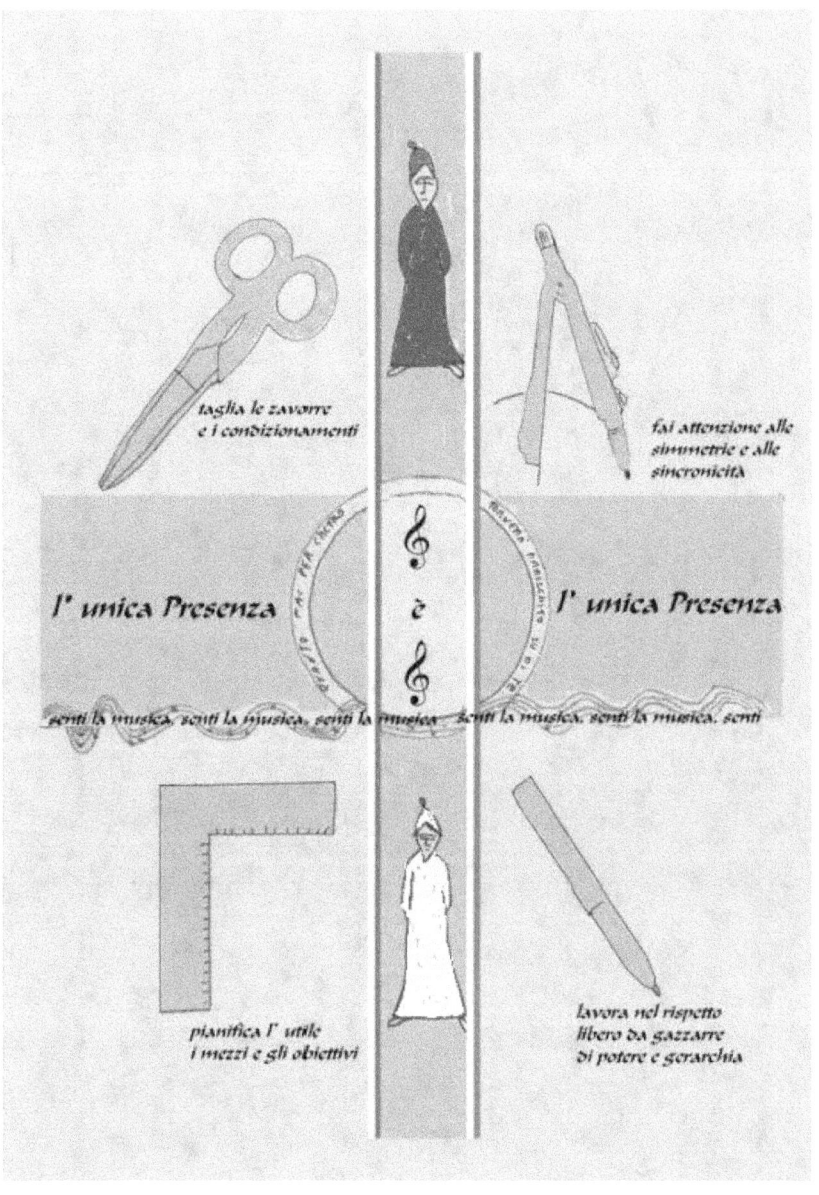

INDICE

PREFAZIONE

Dott. Prof. Aldo Strisciullo (presidente del centro ricerche psicopedagogiche e psicosociali)

Tutti sappiamo che per esistere socialmente dobbiamo avere un'identità. L'identità ci permette di essere riconoscibili a noi stessi e agli altri e va da sé che la riconoscibilità è costruita in relazione agli altri, secondo la particolare matrice collettiva culturale di cui l'individuo fa parte. L'identità infatti è un compito culturale, anzi è quasi un'ingiunzione sociale: se non sai chi sei non esisti.

Dunque il primo problema della costruzione dell'identità è chiarire a se stessi chi si è. La costruzione dell'identità si fa attraverso due processi: le autonarrazioni e le eteronarrazioni. Le autonarrazioni sono ciò che il soggetto si racconta, i pensieri, i discorsi per cui l'io è fatto dei pensieri che il soggetto ha su di se. Le eteronarrazioni sono ciò che le persone in cui crede e che contano per l'individuo pensano di lui. Quindi non è più sufficiente il soma per essere riconoscibili, ognuno di noi in qualche modo deve essere proprio quella persona particolare oltre il soma: il soma quindi non è l'io.

La domanda che dobbiamo farci è: cosa fa un individuo per esistere? Per diventare riconoscibile l'individuo in contesti diversi tende a fare sempre le stesse cose, ad avere gli stessi comportamenti affinché gli altri dicano di lui sempre la stessa cosa. Ogni individuo per esistere e avere conferma di sé ha bisogno di provocare negli altri sempre le medesime risposte. Questo meccanismo è ciò che possiamo definire il gioco identitario: domande e risposte costruiscono e confermano l'identità e, per conseguenza, anche la realtà o meglio la visione della realtà del soggetto. Gli atti sono compiuti affinché possano acquisire successivamente un senso e un significato socialmente condivisibile.

Ora, il punto è la qualità e la funzionalità di ciò che ogni individuo mette a punto. Il gioco identitario può essere funzionale e positivo o disfunzionale e negativo. Se un soggetto ha messo a punto un'identità funzionale, grosso modo è attrezzato, per così dire, per affrontare i problemi e i nodi della vita. Se l'individuo ha messo a punto un'identità disfunzionale, non adeguatamente attrezzata, in modo che per esistere è costretto a mettere in atto parti negative, continuerà a utilizzare i suoi strumenti, anche se questi spesso lo costringono in uno stato di disagio. Il disagio è costruito dal racconto personale: il disagio c'è in quanto la persona soffre, ma non esiste di per se.

Tuttavia, é bene tener presente che entrambe le modalità sono strumentali, sono modi di esistere e metodi di conoscenza della realtà. Per semplificare, sono entrambe vie possibili di esistenza, naturalmente tenendo conto di tutte le sfumature che contraddistinguono i soggetti reali.

Un esempio dalla scuola: il bullo è un ragazzo che per essere riconoscibile mette a punto un sistema di problemi, un'identità, per cui in quel particolare modo egli sente di esistere. Il bullo ha bisogno di provocare un certo tipo di risposta ed ha imparato che quando commette un'azione riprovevole, l'insegnante, pescando dalla retorica del buono e del cattivo, conferma con le azioni e il linguaggio che egli esiste in quanto tale. Il bullo può quindi confermare a se stesso: ecco chi sono io. Questo non vuol dire che il bullo debba essere giustificato nel suo atteggiamento, ma leggere in questo modo le strategie dell'altro ci aiuta a capire che per far "cambiare" la sua modalità, non dobbiamo confermare la sua identità disfunzionale. Ciò si ottiene innanzitutto attraverso la relazione, modificando le risposte e annullando la retorica. Il bullo comincia a constatare reazioni diverse alle sue provocazioni, non più quelle che si aspettava, e gradualmente tenderà a far cadere l'alibi e a modificare le sue risposte. Si consente così al ragazzo di capire che ha diritto ad esistere in un altro modo, permettendo il cambiamento.

La teoria moderna delle emozioni ci dice che "le emozioni sono le emozioni" e che c'è il modo linguistico di apprenderle. Noi associamo continuamente eventi ad emozioni (davanti alla morte si è tristi, davanti al poliziotto che ci fa la multa si è contriti e così via). Per cui, ciò su cui si agisce è l'incompetenza emotiva, l'apprendimento poco efficace delle modalità emotive ed espressive. In definitiva i problemi, ed i comportamenti che ne conseguono, sono strategie messe in atto per ottenere o evitare qualcosa.

L'inconscio moderno è fatto di più parti: immaginiamo un cerchio diviso esattamente in due parti, una metà dell'area contiene tutte le azioni e le cose che si possono fare e dire. L'altra metà dell'area, contiene le cose che non si fanno. Di questa parte una porzione ulteriore contiene le cose che non si dicono in generale, un'altra le cose che non vanno dette nemmeno a se stessi.

L'analisi transazionale, qui eccellentemente trattata dal professor Venturi, con padronanza esemplificativa (vedi anche le sobrie vignette dello stesso autore) ed ampie considerazioni introduttive, è una teoria che ha un aspetto molto pratico: trattando delle transazioni sociali, essa analizza la dinamica psicologica attraverso tre aspetti: il bambino, l'adulto e il genitore. In questo caso si fa riferimento ad una realtà ipotetica e causale e non narrativa, ma ciò nulla toglie alla validità terapeutica dell'analisi transazionale.

Questa teoria ha particolarmente trattato i giochi sociali, che sono appunto i giochi identitari. Anche se le premesse sono diverse e muovono dalla psicoanalisi e dalla psichiatria per quel che concerne la diagnosi, l'analisi e la risoluzione delle transazioni nascoste rispetto a quelle di facciata, aiuta a costruire l'equilibrio funzionale del soggetto, il quale deve tendere allo sviluppo dell'io adulto (in conformità anche con lo sviluppo biologico e fisiologico). Questa tecnica insegna che dietro una richiesta apparentemente adulta di un soggetto ad un altro, nei casi di mancata simmetria, si hanno risposte incrociate e incongruenti rispetto alla realtà della richiesta. Riprendo un esempio dell'autore: «Immaginiamo di essere in macchina diretti al lavoro ma che ci venga voglia di un bel gelato (richiesta dell'io bambino). Guardiamo l'orologio, siamo in anticipo, c'è tutto il tempo per fermarsi in gelateria (valutazione dell'adulto). Del resto che c'è di male? Non siamo nemmeno in sovrappeso! (considerazione del genitore). Questo scambio intrapsichico può riprodursi in modo relazionale portando nostro figlio a scuola. Ci chiede di fermarci a prendere un gelato, noi guardiamo l'orologio, valutiamo il tempo e acconsentiamo. Non sarebbe stato un comportamento sensato negarci o negare un legittimo piacere. Una genitorialità deviata avrebbe potuto dire: «*Ai miei tempi solo a Natale e a Pasqua i bambini mangiavano i dolci, oggi sono tutti viziati!*». Tuttavia, aggiungo, da un punto di vista narrativo-identitario il genitore non avrebbe tutti i torti a rispondere...«ai miei tempi...ecc.», perché la cultura, la narrazione sociale di quando quel genitore era bambino (e attraverso cui ha costruito la sua identità e il suo io), forse sono state quelle del sacrificio e di una estrema sobrietà, quindi quel "ai miei tempi" indica il discorso culturale in cui quel genitore è cresciuto. La questione é che i tempi cambiano, le culture sono in divenire per cui questo ipotetico signore, oggi non dovrebbe utilizzare uno schema culturale e narrativo di altri tempi e applicarlo al figlio che, ad esempio, non vivendo in un ambiente di sacrifici, si pone altre domande per costruire la sua identità, trovando le ragioni addotte da suo padre incongruenti con la sua percezione della realtà. Quindi, dal punto di vista delle terapia costruzionista è sufficiente che quel genitore comprenda questo affinché possa instaurare col figlio una relazione di pari dignità, ferme restando le competenze diverse di ognuno, e non imponga una visione delle cose in aperto contrasto con la realtà che ha a disposizione il figlio per costruire la sua identità.

INTRODUZIONE

Il passato è passato, l'avvenire è di là da venire. Fra questi due nulla, uomo, alzati e conquista il tuo presente !
Alì (quarto del califfi ben guidati)

Se tu vuoi bene giudicare, cava il marcio e rimarrà il buono
San Bernardino da Siena

Ho raccolto in questo volumetto una ventina di mie chiacchierate sulla psicologia transazionale nei corsi di aggiornamento per insegnanti da me tenuti. Dagli appunti iniziali o dalle registrazioni fornitemi, ho ricostruito gli argomenti trattati, li ho poi ordinati secondo la loro semplicità, dai più divulgativi a quelli di approfondimento, lasciando in alcuni di essi lo scambio di domande e risposte. I capitoli sono dunque spunti di riflessioni o approcci a temi psicologici e come sono nati, così li ripropongo. Laddove il contesto era diverso da quello dei corsi, come specifiche pubblicazioni o lezioni, ho preferito farlo presente, in quanto ciò spiega anche la diversità di uso del lessico. Una parte di questi articoli sono stati pubblicati sul web e hanno circolato nei blog, evidentemente perché interessano, da qui l'idea di portarli anche su carta stampata. Come è stato utile per me cercare di chiarire e far apprezzare il valore anche pratico di certa psicologia, così è possibile che questo lavoro possa servire a qualcuno.

Ringrazio il professor Gabriele Mandel, mio supervisore nei corsi didattici e nei lavori di terapia di gruppo, da lui ho appreso come ci sia sempre da imparare in una scoperta continua che da sola dà un tocco di meraviglioso all'esistenza e la professoressa Marcella Vacca, amica sincera da una vita, per i preziosi suggerimenti nella stesura formale dei testi.

Caro Babbo Natale, fai in modo che mio papà non mi lusinghi promettendomi tanti regali ma raccontando altrettante bugie, fa in modo che non mi guardi con quella faccia da "prendi in giro"e pensi veramente un po' a me invece che solo a se stesso, si boria di essere tanto bravo e che devo credere solo a lui. Ha anche pagato il maestro e il bidello per convincermi di questo. Mi ha rotto il salvadanaio per prendere i soldi dicendo che l'ha fatto per il mio bene ma io lo so che va con le donnine. Anzi, già che ci sei, puoi cambiarlo? (a livello sociale l'io bambino corrisponde al popolo, l'io genitore ai suoi amministratori e l'io adulto alla consapevolezza dell'insieme per il bene comune.

ANTICA E NUOVA PSICOLOGIA

(La versione completa di questo saggio pubblicato nel 1999 è anche presente nel N°3 anno 2 della rivista "Sufismo")

La storia è costellata di uomini e donne che sono stati capaci di infondere un rinnovato amore per la ricerca in ogni ambito del sapere e delle arti. Dove è iniziata questa maestria? Una leggenda dice che...

Salomone, famoso per la sua saggezza, chiamò a sé i suoi migliori allievi e con estrema pazienza insegnò loro a scoprirsi nelle prove della vita, nelle reazioni interiori, li esortò a distinguere il sé genuino, da tutta l'impalcatura esteriore creata da altri, in cui ci si identifica alterando la propria natura . Analizzando la psiche essi si liberarono dai condizionamenti infantili, dalle paure, dalle illusioni fino a raffinare una piena consapevolezza di se stessi. Una volta interiormente liberi ed armoniosi nei loro stati, padroni comprensivi delle loro pulsioni animali, furono capaci di evolvere spiritualmente e di esprimersi nell'orizzonte terreno in modo creativo e sereno. La loro conoscenza della mente venne trasmessa ad altri e questa azione "liberatoria" dei discepoli di Salomone si espanse, producendo un benessere diffuso, sul piano dell'armonia sociale, dell'equilibrio dei rapporti e anche su quello materiale.

All'Inferno si preoccuparono di questa rappacificazione umana e della rinnovata spiritualità e cercarono di porvi un rimedio: un anziano demone, assai esperto, propose questa soluzione: " Dobbiamo infiltrarci negli ambienti religiosi e diffondere la notizia che in realtà, dietro la scienza psicoanalitica di Salomone, ci siamo noi. Se gli uomini avranno paura di guardarsi dentro, di riconoscere come sono fatti, noi potremmo agire indisturbati. Ed ecco l'idea: gli uomini dovranno credere che siamo stati noi ad iniziare questa scienza e che solo la rigida chiusura nei concetti metafisici, nei dogmi e nei riti costituirà la loro salvezza; la forma intellettuale e comportamentale, da sola, senza il cuore, non modificherà niente, anzi li farà diventare dei rigidi burattini schiavi delle parole e dei gesti, di schemi preconcetti, di un'autorità sacrale a cui si sottometteranno e noi demoni vivremmo di rendita sulla loro fede e sulla loro alta tradizione. Più ci crederanno, più tornerà a nostro vantaggio, vedendo chiaro dentro di sé gli uomini sarebbero liberi e noi perderemmo il potere. Così i demoni sparsi nelle quattro terre cominciarono a diffondere il pregiudizio ed ancor oggi bussano alla porta : bisogna obbedire ciecamente ad un'autorità e ai suoi miti ! L'ordine viene al primo posto, mai si deve cercare di capire cosa muove gli uomini ad agire in un certo modo, mai si deve trovare il malsano piacere di investigarsi ed investigare, amarsi ed amare, conoscersi e conoscere liberamente...

Al di là dello storico conflitto tra ignoranza e conoscenza, le motivazioni per un cui un tempo si chiedeva l'aiuto dello sciamano per guarire dai propri mali o per essere iniziati all'arte della conoscenza mentre oggi si chiede aiuto allo psicoterapeuta, in fondo sono le stesse: il malessere da rimuovere. Come un tempo, il percorso di guarigione si conclude con una rinascita, col riassaporare il bene della vita. I medici sufi sono stati i primi ad organizzare le tecniche e i luoghi per procedere con le prime strutture psichiatriche e a porre le basi di una ricerca metodologica basata su riscontri oggettivi del sapere.

L'approccio allo studio della mente umana se da una parte è spontaneo (ognuno cerca di capire se stesso e gli altri, ma rimane intrappolato da condizionamenti e pregiudizi che falsano questo tentativo) dall'altro è arduo in quanto richiede una vasta conoscenza scientifica ed una continua analisi introspettiva ed estrospettiva. E' questo, specificatamente, il lavoro dello psicoterapeuta: non solo deve conoscere le teorie psicoterapiche e le loro applicazioni, ma deve aver concluso con successo un adeguato training personale (analisi su di sé con un supervisore). E non basta: il funzionamento della mente umana è indissociabile da quello corporeo per cui un buon bagaglio di conoscenze mediche è indispensabile. Troppe volte è successo che un paziente sia stato curato a livello psicologico, quando i suoi problemi erano di natura fisica. Ricordo il caso curioso di un prete che si era messo a bestemmiare a più non posso, ma non fu il rito esorcistico a liberarlo, bensì la rimozione di una neoplasia nell'area di Broca.

Oltre questi casi di perdita di controllo linguistico e motorio anche le allucinazioni odorose, visive ed uditive sono sintomi possibili di una eziologia tumorale in specifici loci cerebrali. Si consideri ancora come il cibo condizioni la mente fino al punto che la mancanza di certe vitamine provoca gravi alterazioni psichiche. Se un buon sonno si ripercuote positivamente nella vita diurna la sua privazione provoca stati deliranti. Ma anche l'ambiente umano (relazioni sociali, usanze e credenze …) e fisico (spazi, colori, paesaggi …) interagisce costantemente con l'io... Insomma solo con un approccio globale si può interpretare la psiche e soprattutto cogliendo quel che le nozioni , i libri e le parole possono solo indicare: il vissuto. L'apprendimento intellettuale non è sufficiente, occorre la partecipazione esperienziale ai processi: lo psicoterapeuta deve sapere cosa sente il paziente. Piaccia o non piaccia la psicoterapia è una scienza del vissuto. In pratica, il terapeuta può avere tutti i titoli richiesti ma se non ha rivissuto e risolto il suo passato e non ha coltivato l'appropriata capacità empatica sarà incapace di comprendere la realtà effettiva di chi sta curando, proietterà in lui inconsciamente quanto non ha liberato in sé, aggravandogli ancor più i disagi. Chi mente a se stesso vedrà la propria falsità nell'altro, nel rapporto terapeutico ciò equivale ad un disastro.

Questa è la base di una ricerca di un sapere oggettivo che già i sufi richiedevano ai loro adepti. Le stesse teorie della psicoanalisi secondo i vari approcci di Freud, Adler, Jung, comportamentiste , transazionali e via dicendo, al di là di dettagli epocali ed opinioni personali, erano già state descritte negli antichi trattati sufi: chi conosce la letteratura psicologica moderna e quella sufi ritrova una continuità sorprendente pur nel linguaggio diverso e specifico dei tempi. Del resto nel mondo fenomenico c'è solo da scoprire e non da inventare, per cui, se una cosa è vera, lo era ieri come lo sarà domani, questo vale per i processi psichici la cui individuazione oggi è aiutata da una tecnologia un tempo impensabile (come la PET e la SPECT). D'altra parte la ricerca sufi si compiva (e si compie) su una visione olistica che tiene presente le istanze spirituali dell'uomo secondo un'esperienza millenaria verificata su modelli propri non riproducibili su larga scala. Il rapporto tra maestro e discepolo, di passaggio di esperienza e conoscenza del Sé del sufismo, si riproduce, su un piano esteriore, tra psicoterapeuta e paziente, relazione umana che evidentemente non può entrare in una catena di montaggio di tipo mediatico informativo tipica dell'era attuale. In un'era di illusioni di facili successi, di aspettative infantili del tutto e subito, anche la domanda e l'offerta in psicoterapia deve essere chiarita.

Poiché non sono poche le persone che esercitano la professione psicoterapica senza averne i requisiti il paziente ha diritto di tutelarsi informandosi sui titoli e sul percorso formativo di chi intende rivolgersi, se è iscritto all'Ordine dei Medici e chi è il suo supervisore. Se un professionista non ha nulla da nascondere, la sua disponibilità e chiarezza, risulteranno evidenti. Se non ci si ragguaglia adeguatamente è facile inciampare in ogni sorta di chiromanti, veggenti, terapeuti di vario e dubbio genere: per il paziente, che si concede al primo colloquio come un bimbetto che ha paura di offendere e di essere mandato via, sarà la buona sorte a decidere per lui, visto che i danni provocati dagli improvvisati psicoanalisti superano i benefici offerti da quelli competenti ed onesti. E' un rapporto professionale, un contratto quello tra terapeuta e paziente: il primo offre una prestazione l'altro la compra, per cui è necessaria la massima trasparenza: Io ho questo e ti offro questo , a te la valutazione dei miei titoli, della mia esperienza, delle mie capacità. Se uno compra a scatola chiusa ha solo bisogno di illudersi.

IL BAMBINO, L'ADULTO E IL GENITORE

Tutti hanno una idea di chi sia un bambino, un adulto e un genitore. Pare ovvio, ma ognuno associa qualsiasi termine al proprio vissuto e alle proprie informazioni. L'etologo vede i bambini come cuccioli d'uomo, chi li ha appena avuti (si riconoscono dalle borse sotto gli occhi) ha in mente quanto strillano di notte e quanta popò si fanno addosso, ma col tempo mette in conto anche i dispetti e i capricci ... disagi ampiamente ricompensati dalla loro curiosità, dal loro affetto, dalla loro simpatia che riempie la vita. E gli adulti? A livello legale sono i maggiorenni, quelli capaci di intendere e di volere, così dice la formula pensata dal giudice. E i genitori? Adulti che hanno dei figli, dire di più sembra superfluo. A ben pensarci ci sono dei maggiorenni che si comportano come dei bambinoni, e dei bambini che sono proprio degli ometti, ci sono genitori incapaci di prendersi cura dei figli mentre dei giovincelli assistono i fratelli più piccoli e anziani disabili ... Stando così le cose usciamo da quanto sembra scontato, e cominciamo a individuare come queste realtà facciano parte del dinamismo psichico di ognuno e, come vedremo, dell'intera società.

Eric Berne ha saputo portare le teorie freudiane (i tre stati: es, io e super-io già anticamente definiti dalla cultura greca e soprattutto islamica nel medioevo) in modo pragmatico, riconducendole ai tre ruoli della vita: il G.A.B. (genitore, adulto e bambino). Pensiamo alla genitorialità (ossia le norme comportamentali, il "tu devi") che per natura è sociale: essa lega gli individui tra loro con delle leggi e dei modi d'agire e di pensare. E' il cosiddetto "senso del dovere" e anche del "civismo", condiviso da tutti e ormai connaturato in noi poiché siamo stati educati a questo. Acquistano una personalità pubblica tutti coloro che svolgono un ruolo sociale: medici, vigili, insegnanti, impiegati, etc. figure rivestite di una dignità dovuta al loro ruolo (e ogni ruolo è dignitoso, ha la sua autorevolezza, se è svolto con coscienziosità). Psicologicamente ogni autorità è sinonimo di genitorialità. Non capita di sentirsi come bambini davanti a un medico, a un prete, a un professore anche se siamo ben attempati? Può succedere, diciamo la verità. Succede anche di dimenticare che ogni "autorità" è un essere umano come tutti gli altri, che mangia e beve e fa la cacca come tutti gli altri anche se è un re. Quel vigile severo ed impassibile con cui qualsiasi automobilista si è prima o poi imbattuto, questa incarnazione di un intransigente papà delle strade non sempre è così, forse ha passato la serata precedente con gli amici divertendosi un mondo giocando a calcio-balilla. Una volta tolta l'uniforme (la genitorialità) è andato a divertirsi. Ecco che si manifesta l'io bambino, non solo nella giocosità, ma in tutta la vita affettiva ed istintiva: è rimasto in ognuno di noi (e per fortuna, se no sai che barba la vita!), spesso lo mascheriamo o lo lasciamo da parte quando siamo sul lavoro, ossia nel regno del "dovere" (il super-io o la "genitorialità"), ma è sempre dentro di noi.

Genitore e bambino, ossia dovere e piacere. Tra essi, a far da elemento equilibratore l'adulto, ossia l'aspetto ragionevole che tiene conto dell'utilità di ogni comportamento. Se l'io bambino col suo principio del piacere prevaricasse sui doveri sociali (G) e sulla ragione (A) la società si disgregherebbe, ognuno farebbe solo quello che gli piace, dimenticando le esigenze altrui in manie d'onnipotenza (il "bambino onnipotente" di Freud) : insomma follia (psicosi). Ma se la situazione fosse rovesciata per cui ogni legittimo piacere e sfondo emotivo fosse inibito e castigato saremmo nuovamente fuori dal buon senso e dentro le nevrosi ossessive. La ragione (l'adulto o neopsiche) deve far da bilancia tra le pulsioni infantili e le esigenze sociali, ogni squilibrio si paga. Platone col mito dell'auriga insegnava che l'io deve guidare l'istinto, non sopprimerlo se si vuole arrivare ad una meta sociale, ad un bene umano da condividere con gli altri e da vivere come compito "nel" mondo. Non si deve, di contro, lasciarsi dominare dall'istinto (vale a dire dal corporeo, dalla genetica): quindi il cocchiere è l'io adulto o la ragione , i cavalli sono le forze pulsionali (l'istinto o il piacere, ma anche l'aspetto affettivo localizzato nel sistema "limbico" cerebrale) la direzione o la strada da prendere è il dovere (ed è l'io a valutare e scegliere quella giusta).

Riassumendo, poiché termini diversi sottendono la stessa cosa, nella psicologia transazionale il bambino, l'adulto ed il genitore corrispondono a quel che per Platone e per Freud erano l'anima concupiscente (l'es) , l'anima razionale (l'io), e l'anima spirituale (il super-io) o ancora, detto in un linguaggio ancor più specialistico, con l'archeopsiche (e la biopsiche) la neopsiche e l' esteropsiche . Negli scritti medioevali dei sufi o nei dialoghi e miti classici troviamo altre figure ed altri termini ma gli stessi significati. Insomma la psicoanalisi, al di là di variabili specifiche e soluzioni personali ed epocali, non ha inventato nulla ma scoperto le cose come funzionano, procedendo anche per errori e imprecisioni (1).

1) E ' importante considerare la psicoanalisi non avulsa dal campo medico. Quando si parla di biopsiche ci si riferisce infatti a fattori biologici condizionanti i processi psichici.

Un tempo nell'Europa cristiana i sintomi di alcune di malattie (come un tumore cerebrale che colpisce certe aree del linguaggio provocando nel soggetto imprecazioni e bestemmie o la semplice epilessia) erano considerate prove di possessione diabolica. Tra il 1500 ed il 1700 ci furono numerosi casi di ergotismo, l'intossicazione dovuta ad una muffa della segale cornuta: gli effetti allucinogeni e convulsivi degli alcaloidi (la droga LSD) furono considerati causati da malefici di streghe. Finirono sui roghi o sulla forca dopo tortura almeno 40.000 donne innocenti per via dell'ignoranza medica e del fanatismo religioso. Molti malati di ergotismo sopravissuti finirono nei manicomi. Stesso destino subirono altre persone per banali patologie fisiche con effetti psichici. La conseguenza della carenza di determinate vitamine o del sonno provoca deliri e demenza, ma in passato era motivo di indubbia follia. Per tutto il medioevo fino a non tanti decenni or sono, la paura del lupo mannaro ossia di uomini che si trasformano in lupi, ha fatto sì che molte persone venissero uccise come indemoniate o recluse solo perché affette da asma. La licantropia vera e propria, i cui sintomi sono comportamenti bestiali ed il vagare di notte ululando, si spiega a livello etnopsichiatrico, è una forma schizofrenica derivata dall'antica credenza che ogni uomo abbia un suo doppio animale, splendida simbologia ancestrale ma vissuta in modo dissociativo ed inconscio da certi poveretti. Rimane il fatto che prima di scomodare Freud e Jung bisognerebbe interpellare il medico, quello ancora non scomparso dotato di senso pratico capace di individuare le cause fisiologiche ed ambientali i tanti problemi ah psicologici. Cito dal buon testo di Petruska Clarkson "Gestalt- Counseling" ed. Sovera 92 questa semplice frase: <<*Ci sono risultati importanti di ricerche che indicano che molti clienti vengono trattati per sintomi di ansia quando in effetti stanno reagendo fisiologicamente e psicologicamente agli effetti della caffeina del caffè* >>.

SCHEMI ESEMPLIFICATIVI

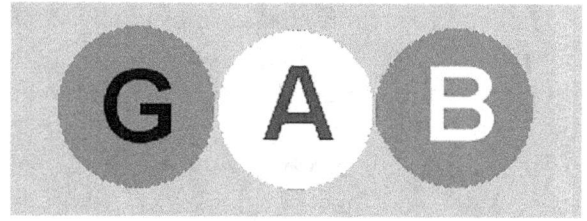

Le tre sfere distinte rappresentano gli stati dell'io, il G.A.B. (Genitore, Adulto, Bambino). Finché i tre stati comunicano tra loro e svolgono la loro funzione senza prevaricare uno sull'altro la vita intrapsichica e relazionale procede senza conflittualità. Immaginiamo di essere in macchina diretti al lavoro ma che ci venga voglia di un bel gelato (richiesta dell'io bambino: il principio del piacere). Guardiamo l'orologio, siamo in anticipo, c'è tutto il tempo per fermarsi in gelateria (valutazione dell'adulto: il principio di realtà). Del resto che c'è di male? Non siamo nemmeno in sovrappeso! (considerazione del genitore: principio normativo). Questo scambio intrapsichico può riprodursi in modo relazionale portando nostro figlio a scuola. Ci chiede di fermarci a prendere un gelato, noi guardiamo l'orologio, valutiamo il tempo e acconsentiamo

Non sarebbe un comportamento sensato negarci o negare un

legittimo piacere. Una genitorialità deviata avrebbe potuto dire: *"ai miei tempi solo a Natale e a Pasqua i bambini mangiavano i dolci, oggi sono tutti viziati!"*. Altri tempi infatti, oggigiorno è difficile trovare persone così, semmai al contrario troppo accondiscendenti fino alla psicolabilità. Se il tempo non ci consente la pausa o se i chili di troppo parlano da soli la richiesta dell'io bambino non deve essere accolta: queste motivazioni dovrebbero essere sufficienti a evitare risentimenti (illegittimi) da parte dell'io bambino. Dallo schema seguente si possono individuare le anomalie.

Nell'immagine seguente sono rappresentate tre situazioni intrapsichiche, ossia come una persona vive i suoi stati psicologici. . Nella prima variante il bambino è escluso: questi soggetti hanno perso il piacere della vita, del gioco, del sorriso, quel senso creativo che permette anche di trasformare positivamente l'ambiente, si direbbe che vivono solo perché devono .

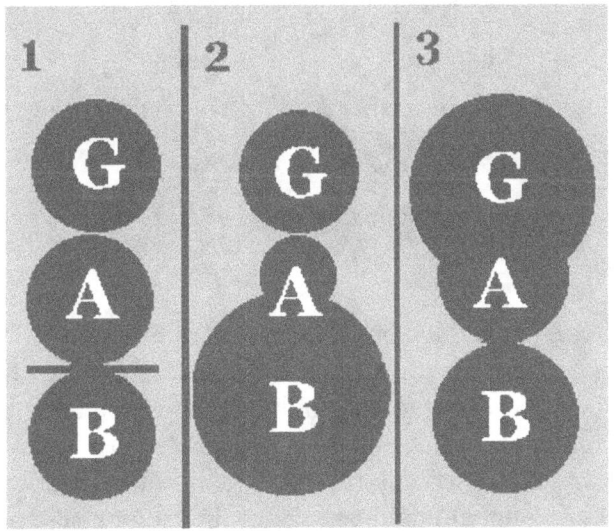

Nella seconda è raffigurata una ipertrofia del bambino e una sua contaminazione dell'adulto, ciò significa che l'individuo è dominato dagli impulsi (psicolabile) e dalle illusioni. Nella terza la situazione è rovesciata, è il genitore, inflazionato, che

L'adulto risponde al senso dell'utile, dell'efficacia, mette in atto il comportamento adeguato per arrivare ai suoi fini. Il neonato se ha fame si lamenta, piange per attirare l'attenzione su di sé, da solo è impotente a soddisfare il suo bisogno, ma se è un adulto ad aver fame usa i mezzi necessari per arrivare allo scopo anche nelle situazioni ambientali più difficili. Tiene conto della realtà e dei modi appropriati per interagire con essa.

Adulto è anche il senso di responsabilità (etica razionale e situazionale). Sovente quel che si definisce "morale" (l'insieme di codici di comportamento, di giudizi generici tramandati che ad una verifica razionale e di esperienza, possono rivelarsi dannosi e falsi) si rivela invece una contaminazione genitoriale dell'adulto. Quando l'io adulto è inglobato dalle altre due sfere si genera la psicosi.

Il genitore rappresenta il senso normativo (l'impegno) ed affettivo (cura della prole e del prossimo, es. il maestro con gli scolari). Deviante è l'iperprotettività, la sua prevaricazione accusatoria (persecutoria) che può risultare castrante o determinare l'effetto opposto (ribellione). Altrettanto deviante è l'atteggiamento salvatore (quando il padre o la madre vogliono apparire eroi-martiri): ciò è contro ogni utilità per il figlio che ha solo esigenza di affetto, cibo e soddisfazione dei suoi leciti interessi.

I pregiudizi tipizzano il negativo della genitorialità: sono riproduzioni di quanto è stato appreso acriticamente nell'infanzia o per effetto dei condizionamenti sociali. Essi impediscono l'azione adulta ed il giudizio obiettivo, hanno lo stesso effetto nevrotico delle illusioni infantili e la stessa matrice: inadeguatezza nei confronti della realtà.

Il bambino è giocosità, spontaneità, espansività, libertà, piacere del vivere, fantasia. Il suo adattamento verso l'ambiente (che nasce dal bisogno di socializzare, stare insieme) lo prepara alla vita civile adulta, nella quale troverà delle regole e dei freni alla sua espressione. Le norme potranno essere capite nella loro utilità per cui il bambino le accetterà di conseguenza, oppure in caso negativo, potrà sottomettersi o ribellarsi ciecamente ad esse. Le risposte diverse dipendono da come gli adulti presentano le regole stesse, se in modo ragionevole o in modo impositivo e acritico.

La "fame di carezze" dell'io bambino continua nella vita adulta col bisogno di riconoscimenti sociali (anche solo un "ciao" rappresenta un : "tu esisti") e di intimità. L'esigenza di stimoli / riconoscimenti esterni non sempre è positiva. Un bambino che ha subito continue violenze e umiliazioni sarà portato a cercare "quel" modo deviato di riconoscimento, il rimprovero sociale (che è il negativo della carezza), provocherà gli altri per arrivare a soddisfare questo tipo di bisogno. Del resto ognuno cerca di riprodurre quelle sensazioni che fin da bambino gli hanno procurato un senso di esistenza, il riconoscimento di essere, purtroppo non sempre nei modi giusti.

La difficoltà nell'ottenere l'appagamento di intimità e di legittimi riconoscimenti si individua in strategie comportamentali devianti in cui si ripetono giochi del tipo "la vittima ed il carnefice". C'è gente che si dichiara sfortunata ed incompresa e fa di tutto per essere tale, in questo modo trova confermato il suo errato modo di sentirsi esistere.

Nei primi cinque anni di vita il bambino registra nel suo inconscio le transazioni (relazioni verbali ma anche comportamentali ed emotive) che ha avuto coi suoi genitori e tenderà a riprodurle per tutto il resto della sua vita ("il copione")

Lettura della figura in alto di un test a cui si è sottoposto un insegnante: La creatività è fortemente dominante (bambino libero) e poggia su un buon livello di razionalità (l'io adulto) e di affettività (genitoriale). Il soggetto per mantenere il suo equilibrio deve sforzarsi di tenere a bada tre aspetti negativi: lo spirito ribelle (del bambino) quello persecutore ed insieme quello salvatore (del genitore). Ad esclusione dell' iperadattamento (qui del tutto assente) una lieve presenza degli altri componenti negativi (qui già in eccesso) non guasta, come talvolta un pizzico di pepe (ci sono anche una rabbia ed una ribellione "giuste" o "legittime" anche se devono essere incanalate). Il formulario del test si può trovare in: Marie-Joseph Chalvin "analisi transazionale e insegnamento scolastico"ed. Paoline 86.

LE TRANSAZIONI

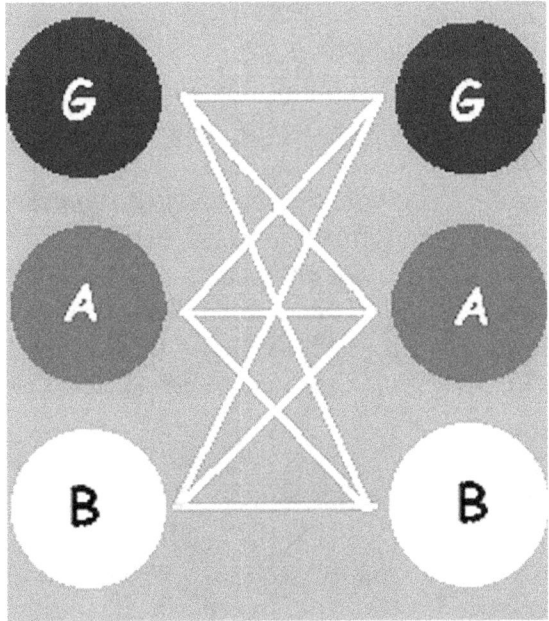

Nella figura sono rappresentati vari tipi di transazioni, da notare quelle incrociate, causa di malintesi e reazioni negative. Il genitore critico: *"che vergogna queste minigonne!"* Se risponde l'altro col suo genitore dicendo : *"certo, ai miei tempi queste cose non succedevano"*, c'è una rassicurazione vicendevole, ma se alla prima asserzione risponde l'adulto così:" *certo è che c'è un caldo insopportabile oggi!"* la reazione potrebbe anche non essere positiva con uno spostamento del dialogo sull'adulto: *"effettivamente...".* Provate a immaginare tutte le possibili varianti intorno a questo dialogo sulla minigonna fino agli ovvi apprezzamenti del bambino

Dal tono e dal modo oltre che dal contenuto della frase si intuisce da quale sfera dell'io parte la transazione e a quale è diretta. La risposta potrebbe tuttavia non corrispondere alle attese ed "incrociarsi" negativamente. Un semplice esempio evidenzia un dialogo corretto adulto-adulto tra moglie e marito:
-*"Che ora è ?"*-*"Sono le 5 !"*-*"Grazie ! -...*"*Poiché la macchina si è guastata dovremo prendere l'autobus"*-*"Ma arriveremo in*

tempo?-"Penso proprio di sì in quanto non è un'ora di traffico"...-
"E la macchina?" -"Non parte perché è entrata acqua mandando
in tilt l'impianto elettrico"-"Forse non è stato un affare
acquistarla"-"Temo proprio di sì"...

.. Ma le risposte possono implicare a sproposito elementi
infantili o genitoriali che trasformano il dialogo in lite o lo
interrompono.

"Che ora è ?" -" Uffa! Devi ricordarti di portare l'orologio!"-
" Hai sempre qualcosa da ridire, sono stufo! "... – " La macchina
si è guastata e dovremo prendere l'autobus"- "Per colpa tua
potremmo arrivare in ritardo!- "E che colpa ne ho? E' tutta
sfortuna se l'acqua ha bagnato i contatti elettrici !"- "E' perché
come al solito ti sei fatto bidonare prendendo quel macinino!"

Un dialogo corretto è vantaggioso ad entrambe le parti, gratifica
sia il lato utilitaristico, sia quello dell'affettività e del bisogno
normativo (sentirsi legittimati). E' anche una questione di
sincronizzazione dei tre stati: il genitore dà i "giusti" permessi,
assicura la "giusta" protezione; l'adulto spiega le norme ed il loro
senso (e l'inconvenienza di non rispettarle), si informa, pianifica il
comportamento adeguato per raggiungere il fine lasciando il
bambino, al momento opportuno, libero di divertirsi. Quanto
accade a livello intrapsichico, si ripropone in quello
interpersonale.

Nei primi anni di vita si forma nel bambino l'idea che ha di se
stesso e degli altri, tale idea costituirà l'impronta del suo destino a
meno che non ne prenda consapevolezza e riesca almeno in parte a
rettificarla. In tal caso aumenterà lo spazio di autonomia dai
condizionamenti interni. La sua costruzione è derivata dai
messaggi consci ed inconsci dei genitori (quanto forma il carattere)
e dal modo in cui il bambino ha reagito ad essi (da cui la
personalità).

Il bambino ha bisogno di esprimere tutti i suoi sentimenti e
trovare appagamento. Il suo sentirsi non amato, non compreso, non
capace... comporta frustrazioni che incideranno su di lui per tutta
la vita. Sarà poi compito dell'adulto del genitore spiegare al
bambino (più precisamente: all'adulto del bambino), con
linguaggio accessibile e chiaro, la convenienza o meno dei

comportamenti inadeguati alle circostanze.

...

è permesso arrabbiarsi
è permesso essere felici
è permesso essere tristi
è permesso amare
è permesso lasciarsi amare
è permesso scegliere
è permesso divertirsi
è permesso impegnarsi
è permesso essere in disaccordo
è permesso essere d'accordo
è permesso il coraggio
è permesso fermarsi
è permesso avere dei dubbi
è permesso perdere
è permesso vincere
è permesso sentirsi soddisfatti
è permesso lo sconforto
è permesso sperare
è permesso piangere
è permesso ridere
è permesso sapere
è permesso valere
è permesso non compiacere
è permesso riuscire
è permesso non riuscire
è permesso rinunciare
è permesso non darsi per vinti

...

Indubbiamente gli stati negativi devono essere compresi e risolti. La rabbia per esempio è un sentimento di impotenza dell'io bambino. Quando il neonato piange richiede aiuto per un disagio, per un senso di malessere, per sentirsi protetto e rassicurato. Il modo del pianto può rivelare stati d'animo diversi non esenti da componenti aggressive. E' come se dicesse: ma insomma, teste di rapa che non siete altro, non lo capite che voglio quella cosa? Oppure, come con un pigolio sommesso: ci rinuncio, nessuno mi capisce! La madre di istinto percepisce queste differenze, per lo meno così in natura. La rabbia può nascere da una ingiustizia patita ed allora è l'io adulto che deve incanalare l'energia per un'azione capace di rimuovere, se possibile, la causa. Ci sono anche "rabbie folli" derivate da scompensi biochimici interni o dall'uso di sostanze quali l''alcool, nel qual caso l' io adulto è messo fuori gioco.

all'adulto la responsabilità...

a) Sto guidando, e ho messo in atto tutte le precauzioni per non fare incidenti, sbagliare sarebbe pericoloso per me e per gli altri...
C'è stato un incidente per una mia distrazione. Evidentemente non mi ero premunito a sufficienza come credevo. Farò in modo che questo non si verifichi più aumentando l'attenzione, controllando meglio la condizione della macchina, evitando di guidare quando non sto bene...
b) Mi sono innamorato di quella donna. E' legittimo il mio amore? La situazione di lei è questa: è sposata e ha un figlio, il marito le vuole bene; conoscendola ho capito che è capricciosa...mi conviene dar sfogo al mio sentimento e trovare il suo amore? Quali danni potrebbe provocare a me e agli altri una relazione illegittima? E andando fino in fondo, anche se divorziasse, io con una donna come lei quanto e come potrei andare avanti?...

Nell'immagine che segue vengono rappresentati gli atteggiamenti con cui la persona si rapporta con gli altri. Il primo indica il giusto modo relazionale, basato su sentimenti positivi e azioni vincenti, si manifesta con l'apprezzare l'operato altrui alla prima occasione (mai l'adulazione che porta il messaggio inconscio contrario: "mi viene bene dirtelo ma non me ne frega niente oppure per un altro scopo"), il soggetto si autostima e riconosce il valore altrui. Il secondo è dello psicopatico paranoide, chi deve essere sempre il migliore e minimizza gli altri, avversari che tramano contro di lui. Viceversa il terzo, lo schizoide masochista ha rinunciato a essere se stesso per far contenti gli altri (la mamma quando era piccolo). L'ultimo è quello *catastrofico da aspirante suicida: niente va bene in me e nel mio prossimo, tutto è visto in chiave negativa.*

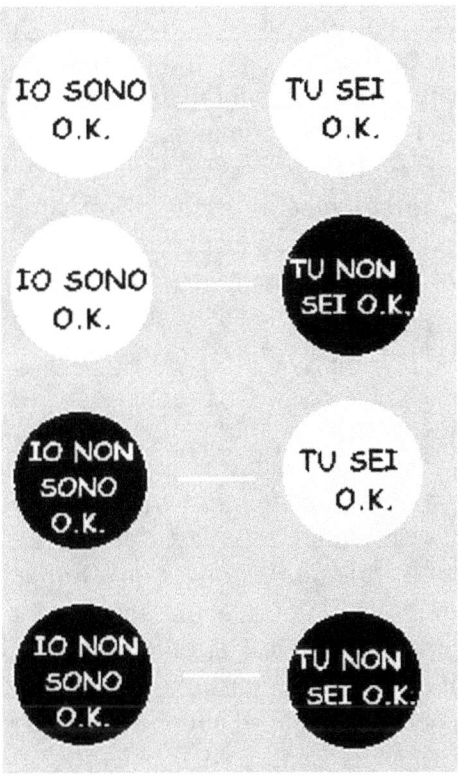

L'idea primaria, in cui il "tu"(l'altro) è rappresentato dai genitori o tutori iniziali, si estenderà al sociale, agli esseri umani nel loro complesso. Se è positiva l'individuo considera se stesso e gli altri come una risorsa permanente, si pone in una posizione costruttiva e di collaborazione col prossimo. Ciò si riassume nella formula: io sono OK tu sei O.K. Al suo opposto c'è una visione negativa sia di se stessi che degli altri: io non sono O.K. tu non sei O.K. vale a dire suicidio dietro l'angolo, ma l' istinto di sopravvivenza (in quanto tale stato è insopportabile psichicamente pena la schizofrenia, invenzione di un mondo immaginario sostitutivo che reinterpreta falsamente quello reale) può portare il soggetto a cercare compensazioni per recuperare in parte la positività: io non sono O.K. tu sei O.K. La percezione negativa di se stessi, il senso di inferiorità contrasterà con quella del prossimo visto come più fortunato, capace, buono. L'atteggiamento perdente e disfattista nei propri riguardi, comporterà una condizione depressiva. La soluzione esistenziale opposta sta nel sentirsi superiori, migliori, più forti degli altri. Dal prossimo ci si aspetta solo il male, la società diventa il negativo contro cui lottare. Questo stato paranoide può sublimarsi in atteggiamenti da eroi salvatori in cui l'individuo comunque ribadisce il suo senso di superiorità: io sono O.K. tu non sei O.K.

Ovviamente questo schema esemplificativo non considera le articolazioni complesse che subentrano nella realtà. Va pure ricordato come i due aspetti per ultimi esaminati possano dialetticamente coesistere nella stessa persona. Gli eroi sono anche martiri e viceversa, le vittime carnefici, i persecutori dei perseguitati.

Sul piano sociologico e' importante osservare come ognuno senta "normale" non solo quanto si accorda coi propri pregiudizi ma col proprio modo di vivere. Questi individui tendono a raggrupparsi per confermare a se stessi di essere nel giusto, nella normalità e lottano insieme, talvolta, per affermarla. Una persona con una genitorialità inflazionata, intransigente e dogmatica che vede gli altri come una massa da controllare secondo principi e leggi ferree troverà normale solo chi è come lui e con lui sarà pronto a partire per le crociate. Il sogno da realizzare sarà quello di mettere tutti in riga per pensare e fare le stesse cose o in nome della ideologia o della religione.

Questo bisogno di sentirsi normali è la forza aggregante delle persone, ma è anche segno di mancanza di autonomia. Occasionalmente si verificano squallide simbiosi in cui c'è chi passivamente delega ogni decisione e responsabilità a chi finirà per assumere un controllo dispotico sugli altri. E' lo svuotamento della ricchezza personale in quanto si perde la cura del proprio sé: non a caso è appurato che il gruppo ha un comportamento più stupido di quanto avrebbe il singolo individuo. Massificazione significa rinuncia alla valutazione personale per seguire il conformismo della propaganda di un capo palese o occulto che sia.

Diversamente, quando più persone evolute si incontrano, è l'eterogeneità di diversi punti di vista, caratteri e qualità ad illuminarsi. Ad un occhio abituato all'appiattimento è inimmaginabile. Ci si concorda sul ragionevole, si è in sintonia con sentimenti ed aspirazioni legittime, si lasciano le posizioni più arretrate per nuove che si accordano sempre meglio con la realtà, si accettano convenzioni sociali e religiose per il loro valore terreno (quando è individuabile) ma mai si subiscono quando sono irragionevoli e dannose, soprattutto esiste una dinamica di ricerca che coinvolge tutti, ognuno a titolo personale. E' l'utile, il vantaggioso per la propria ed altrui evoluzione che permette la collaborazione. L'io sono O.K. e tu sei O.K. non pone dunque condizioni limitanti (se tu la pensi come me, se fai quel che ti dico, se stai al mio gioco...), comunque sei accettato per quello che sei, per le tue intrinseche possibilità, capito e stimato per te stesso e non in funzione di un tornaconto. In un gruppo dove le relazioni sono positive, l'affermazione del sé autentico di ognuno e delle sue risorse, la sua autonomia e creatività è sempre benvenuta.

Insieme, nel civile rispetto e nella reciproca stima, anche grazie alla dialettica di adulte divergenze, si costruisce, nell'oggi, il futuro.

Domanda) C'è qualche testo che ci consiglia sulla psicologia transazionale?

Risposta) Ce ne sono tanti e ottimi. Hanno fatto storia quelli di Eric Berne: "A che gioco giochiamo" e "Ciao e poi". Ricordo poi di T. Harris "Io sono O.K. tu sei ok." e dello stesso autore "Sentirsi O.K.". Per un quadro sintetico c'è un testo di F. Ricardi "la psicologia transazionale" e di James/Jongeward il validissimo "Nati per vincere". Tutti di facile e gradevole lettura.

IL SALVATORE, LA VITTIMA E IL PERSECUTORE

Sembra il titolo di un film, ma nella vita di tutti i giorni moltissime persone inconsapevolmente "mettono in scena" un copione, scritto nell'infanzia, i cui personaggi esigono di essere vissuti e rivissuti nella vita adulta. Questi "copioni" vengono ripetuti in modo coatto, anche quando non sono più in funzione della realtà, delle esigenze del presente: perché succede questo? In teoria, se una persona ha sufficiente intelligenza per accorgersi che il suo comportamento è inadeguato per raggiungere un obiettivo, lo lascia in favore di uno più efficace. Sembra facile! Eppure tante persone indipendentemente dall'intelligenza e dall'istruzione, sono condizionate dai copioni della loro infanzia in modo più o meno grave, fino al punto di ripetere gli stessi errori: Spesso queste persone dicono: "lo so di sbagliare, ma è più forte di me… "

E' raro trovare una persona veramente libera da coazioni a ripetere, che sappia modulare il proprio agire (ed anche il proprio linguaggio) in rapporto alle necessità del momento. Per lo più ci si illude di star facendo la cosa giusta, in realtà si segue una pista predefinita. Perché? Perché il sistema interno di rappresentazione della realtà chiede di essere eseguito, da esso l'individuo trae le soddisfazioni emotive che gli confermano un senso di identità. " *Io sono lo sfortunato, io sono un disastro, io sono una vittima, io sono un duro etc.* " Qualche esempio tratto dalla realtà può essere illuminante, si consideri però che i casi singoli non sono generalizzabili, né è legittimo attribuire un significato negativo ad un comportamento comune: se la percentuale delle donne che denunciano maltrattamenti e violenze è minima non è dovuto a masochismo ma a motivi di ordine sociologico e storico. Si tratta dunque di episodi riguardanti persone che ho avuto sottomano al di là del genere.

LA VITTIMA

La signora Maria viene spesso convocata dagli insegnanti di suo figlio per il basso rendimento e per gli atteggiamenti disfattisti, già tra loro c'è chi pensa che il ragazzo esprima un comportamento patologico. Finalmente la signora Maria decide di confidarsi: il figlio vive uno stato drammatico in casa, il padre sovente lo malmena e gli rinfaccia apertamente di non averlo mai voluto e di essergli di peso. Lo stesso trattamento manesco è riservato alla moglie , usata come una serva per far da mangiare, per tenere la casa in ordine e per essere strapazzata a letto... "Povera signora Maria!" vittima di una situazione penosa, ma fino a quanto non è voluta da lei stessa? La signora Maria trova modo di colloquiare con uno psicologo il quale le fa presente che la situazione in cui vive può essere modificata. E' sufficiente che si separi e divorzi: perché non si è mai decisa a fare un passo liberatorio? Si scopre perfino che il marito le aveva più volte chiesto di farlo, ma lei si era sempre rifiutata, promettendogli qualunque cosa pur che lui rimanesse in casa. La signora Maria si ritiene offesa dal suggerimento di divorziare o di separarsi: dice di amare suo marito, che il destino ha voluto così: per lei non c'è via di uscita. La signora Maria in realtà "vuole" sentirsi una vittima, cerca una situazione in cui possa sentirsi perseguitata poiché, se si interrompesse, non potrebbe più "giocare" in quel ruolo a lei così caro. In una condizione di tranquillità starebbe male.

Questo è un caso classico che si presenta quando un paziente è condotto a liberarsi dal suo sistema nevrotico : si sente vuoto e sperduto, ha bisogno di quei vecchi stimoli che lo fanno soffrire, che gli danno un senso emotivo, per quanto irrazionale ed incongruente, di vita. E può ricadere, come un tossicodipendente.

Il nostro soggetto, la signora Maria, rifiuta fin dall'inizio la possibilità di uscire e far uscire il figlio da un inferno. In due ci si fa coraggio e ci si consola a vicenda maledicendo il destino. Nel passato di lei c'è una madre moralista, dove la parola sacrificio suonava come la cosa più preziosa di questo mondo, forse un padre violento, insomma un passato che ritorna nel sistema esistenziale, che lei ha ricostruito nel presente e che fa di tutto per mantenere. Il problema non è il marito che funge da persecutore, ma lei che rinforza tale ruolo.

Ci sono vari modi per capire una persona. Per un buon psicologo è sufficiente ascoltare attentamente le forme espressive del soggetto per farsi un'idea dei suoi problemi, e userà con maestria le parole per liberare il suo schema di rappresentazione mentale da impedimenti e deformazioni. Da ogni domanda che gli viene fatta e da ogni risposta sollecitata trae i giusti segnali per le corrette modificazioni, ma è dal comportamento complessivo che può rintracciare la visione organica che il soggetto ha di se stesso e della vita. Nell'esempio successivo considereremo il quadro comportamentale .

IL PERSECUTORE

Il dottor Flavio, avvocato, passava da una donna all'altra. Le sue relazioni duravano pochi mesi, ed essendo un uomo attraente e ricco non aveva difficoltà a continuare questo suo gioco di seduzione ed abbandono del partner per nuove avventure. Inconsciamente usava sempre questa strategia: una volta colti gli elementi che potevano determinare o già determinavano un atteggiamento di autocommiserazione nel partner egli sapeva sollecitarli ed amplificarli per portarlo a ricercare in lui la comprensione, la sicurezza, il sostegno. Assicuratosi agli occhi dell'altro il ruolo di salvatore assumeva invece quello di persecutore deridendo e motteggiando la vittima di turno. Quest'ultima non poteva che soffrire da tale comportamento in quanto si era aggrappata a lui come ad un salvatore. Dai conoscenti, Flavio era considerato come uomo di satira elegante e dotato di forza e sagacia, ma da altri come un semplice edonista ed uno scocciatore, comunque una carogna.

Il comportamento del dottor Flavio è determinato dal vissuto infantile, da una madre iperprotettiva che gli faceva "pesare" la sua dipendenza, da un padre affettivamente lontano. Flavio dalla famiglia aveva appreso che nei confronti del prossimo bisognava essere di fatto menefreghisti, ma lasciando l'impressione di compatire le disgrazie altrui. Cosa mai poteva uscire da questa educazione?

Chi è vittima dei ruoli trova "normale" il meccanismo perverso della riproduzione dei copioni infantili e la possibile autocritica non sarà mai obiettiva poiché filtrata e guidata da quei meccanismi che finiranno per confermare al soggetto la loro giustezza e che "altro" non c'è. Il caso che segue è un "classico"delle letteratura psicoanalitica.

IL SALVATORE

Il signor Francesco aveva conosciuto la signorina Piera , una giovane bionda attraente, in una serata passata con gli amici. Piera era triste e sconsolata, lui scherzava e cercava di tirarla su d'animo. Si scambiarono i recapiti e cominciarono a frequentarsi. Lei gli confidò il suo triste passato, sola ed abbandonata da tutti, tradita dagli uomini e dalla vita. Francesco finì per essere coinvolto affettivamente e poiché gli piaceva decise di "salvarla". Invano tentò di ripresentarle la sua vita in modo diverso , con altri significati ed alternative. Lei continuava a ridipingerla ossessivamente in modo tragico. Tutti i tentativi per farla felice fallirono anche perché si instaurò un gioco fatto di ambiguità. Prima lei lo attraeva in tutti i modi, facendogli intendere la sua disponibilità, ma all'ultimo momento si ritirava facendo sentire Francesco come un cane a cui si offriva l'osso solo per quietarlo. Il gioco continuò fino a quando Francesco realizzò che quel che chiedeva Piera in realtà era di essere presa con la forza, "violentata", per confermare a se stessa, che tutti gli uomini sono dei mascalzoni. Sensatamente fu lui a ritirarsi in tempo.
Chi c'era dunque dietro quella donna che chiedeva di essere "salvata", ma in realtà si prendeva gioco degli uomini per avere la conferma psicologica di un pregiudizio? Probabilmente un padre di cui si voleva vendicare, ed ogni uomo era per lei l'immagine di quel prototipo maschile. E Francesco? Subiva le illusioni, gli idealismi, le ingenuità adolescenziali, i retaggi di condizionamenti genitoriali irrisolti.

Essere fuori dal gioco della vittima, del salvatore e del persecutore è necessario per realizzarsi. Non bisogna per questo generalizzare ed atrofizzare sentimenti legittimi, bensì capire contestualmente ogni situazione e distinguere se c'è di mezzo un gioco o una realtà. Offrire un aiuto al prossimo è civilmente ed umanamente nobile, ma ogni atto di generosità deve essere razionale, definito, chiaro per l'altro e per sé stessi, come un contratto. Se si è "vittime" di una ingiustizia è doveroso impiegare tutti i mezzi legittimi per trovare giustizia perseguendo colui che l'ha compiuta (pure con quel pizzico di cattiveria che dà energia all'azione). Perdonare può significare essere complici dell'ingiustizia. Perdonare si può quando è utile per sé e non presenta rischi per l'altro.

Se una donna perdona il suo violentatore esso continuerà a violentare, se non lei, altre. Se si perdona chi prevarica o chi è disonesto esso continuerà a fare angherie. Ciò non va disgiunto dalla comprensione. Anche Hitler o il cannibale russo che ammazzava e divorava le sue vittime può essere psicologicamente capito, ma non per questo giustificato. In qualche caso, come il profugo che per pagare le medicine alla figlia rubava quel tanto necessario, si può chiudere un occhio (come ha fatto il giudice).

Nella vita ci si trova sempre alle prese con il decidere cosa sia la cosa giusta da fare. Salvare uno scorpione che sta per morire nel buco è follia. Dare a tutti la possibilità di riscatto dai loro errori è doveroso. Si tratta insomma di contestualizzare. Il fine civile è evitare che ci siano vittime ingiuste ed ingiusti persecutori, è un fatto tecnico, mentre ogni sentimento compiacente di essere vittime, persecutori o salvatori rientra nel campo psicologico.

LE VARIANTI

Lo schema del persecutore, della vittima e del salvatore ovviamente è una semplificazione di situazioni complesse, con diverse variabili, che occorre esaminare da altri punti di vista, dalla psicologia del profondo alla neurolinguistica. Il salvatore esprime anche il mito dell'eroe che salva il mondo. La vittima incarna il martire innocente che espia i mali dell'umanità. Il persecutore può essere l'eroe giustiziere di tanti film, che dall'alto della sua missione purifica il mondo dai cattivi (schema tra l'altro semplicistico quanto pericoloso in quanto spesso è il pregiudizio e la propaganda che definiscono il buono e il cattivo).

I Confini dei tre ruoli o dei tre miti non sono precisi, né l'uno esclude l'altro, infatti la stessa persona può recitarli nella vita alternativamente seppure nel suo schema personale solo uno alla fine sarà dominante. Il dramma di questa messa in scena esistenziale è che non si svolge in un teatro ma nella realtà quotidiana: dalle follie private di un giustiziere che uccide le prostitute o incendia i boschi (...il fuoco purificatore) agli stermini di massa, alle guerre ideologico- religiose. Il minimo comun denominatore è l'incapacità dei soggetti di rapportarsi con la realtà, di servirsi democraticamente delle istituzioni, delle giuste regole comunitarie (le quali possono sempre essere corrette seguendo modalità legittime) per risolvere i problemi. Non c'è, detto in altri termini, la capacità di dialogare con gli altri e con le istituzioni sociali poiché il referente è il proprio io illusorio, la propria immagine ideale. Seguono un destino percepito come una forza trascendentale, ma che in realtà è tracciato da loro stessi, con conseguenze sempre dannose per sé e per gli altri in quanto non sorretto dal principio di realtà. La normale vita relazionale, sia da un punto di vista affettivo che strumentale, è dunque alterata ed alla radice c'è un'infanzia rimossa. Soltanto gettando luce in essa è possibile recuperare la dignità della vita ed è un lavoro da cui nessuno può sentirsi esentato, anzi, coloro che dipingono positivamente la propria infanzia spesso l'hanno alterata. Non per questo tutto di essa deve essere visto negativamente: si tratta solo di arrivare alla radice degli idealismi e delle idealizzazioni, e di quei "copioni" che finiscono per limitare e rovinare l'esistenza.

EROS E TANATOS

Eros e thanatos, ovvero le pulsioni di vita e di morte, scandiscono la dimensione psichica e biologica di ogni essere. Sigmund Freud le individuava nel loro esternarsi, nell'agire costruttivo o distruttivo dell'individuo.

Nel metabolismo di qualsiasi essere vivente esistono due funzioni, una anabolica che riguarda il nutrimento e l'assimilazione della materia organica ed inorganica indispensabile per il funzionamento biologico (glucidi, protidi, lipidi, sali minerali ossigeno, vitamine) ed una catabolica che riguarda l'eliminazione delle sostanze prima utilizzate: come c'è una inspirazione in cui si immette nei polmoni l'ossigeno che sarà distribuito attraverso i vasi capillari a tutte le cellule c'è una espirazione in cui viene espulsa l'anidride carbonica: ci sono cellule che nascono utilizzando i nuovi materiali ed altre che muoiono. Una alterazione di questo equilibrio significa malattia. Quando una cellula finita la sua funzione non risponde più al messaggio chimico interno ed esterno di morire, inizia una fase tumorale: perché tutto funzioni bene i due processi metabolici devono seguire la loro ritmica alternanza,

Anche a livello mentale avvertiamo le pulsioni di vita e di morte: amiamo ed odiamo, creiamo e distruggiamo nella vita di tutti i giorni. Perfino la lettura di un giornale comodamente seduti su una poltrona ci vede impegnati a simpatizzare con certi argomenti che ci interessano e rifiutarne un'altra parte considerata negativa e inutile, approviamo certe cose e ne disapproviamo delle altre, alcune notizie ci spronano ad impegnarci in qualche modo ed altre ci indignano. Almeno nel pensiero strutturiamo possibilità di fare e disfare certe situazioni. E' quindi un processo normale della vita psichica. Quando invece le reazioni sono sproporzionate, inconsapevoli e inadeguate ci si trova di fronte a patologie. Durante la visione di un telegiornale, un poliziotto ormai in pensione, sbottò davanti a tutti con queste parole: *Sono tutti dei criminali, se ci fossi io li farei filare come dei treni* ! Già lo stereotipo del "tutti" senza fare le dovute distinzioni indica che non è certo un'affermazione adulta e responsabile. La condanna degli altri (sentimenti distruttivi) ed il mettersi come sommi giustizieri significa paranoia. Viceversa l'atteggiamento *io non sono O.K.* / *gli altri sono O.K.* significa alimentare sentimenti autodistruttivi. Quando i sentimenti negativi riguardano sia il sé, sia l'altro, è evidente la sintomatologia schizofrenica: esclusa la base relazionale l'individuo perde i contatti con la realtà e li sostituisce con la fantasia, da cui allucinazioni visive ed uditive, deliri intesi come costruzioni di situazioni immaginarie senza alcun riferimento con la realtà. Nell'atteggiamento transazionale positivo, *l'io sono O.K.* / *tu sei O.K.* , le pulsioni di morte sono convogliate all'interno della costruzione del pensiero e dell'azione conseguente nel cercare di eliminare, in modi adeguati, gli ostacoli che impediscono i giusti rapporti esistenziali. I pensieri negativi vengono corretti e ciò implica un disfare, per rifare qualcosa di nuovo e così ritrovare l'equilibrio dell'istante.

La simmetria ha dunque una importanza fondamentale anche nei processi biologici e psicologici, la sua alterazione è sintomatica delle varie affezioni. Per esempio il cervello di una persona affetta da schizofrenia non ha i ventricoli simmetrici. (*Ciò è originato assai probabilmente nel momento in cui nella fase evolutiva del feto i neuroni migrano nelle zone specifiche del cervello per poi specializzarsi nelle varie funzioni. Si parla dunque di situazioni genetiche che comunque interagiscono e interagiranno con fatti ambientali a cominciare dal ventre materno. Se non c'è questa componente genetica le depressioni e le psicosi sono ovviamente più facilmente reversibili*) . Il discorso si allarga a livello psicosomatico. Gustav Jung dopo aver passato il suo tunnel in stati psicotici, sentiva il bisogno di dedicarsi all'arte dei mandala dove le costruzioni geometriche stanno in perfette simmetrie, quasi in un bisogno organico di ristabilirle in sé. La vita ha bisogno di armonia e la morte non sta in antagonismo ad essa ma nei suoi stessi equilibri. La natura tutta è uno spettacolo che indica come lo svolgersi di vita e di morte mantiene la continuità dell'insieme.

Ma se lo psicoterapeuta cerca di riportare la persona agli equilibri inscritti nella natura, c'è chi invece cerca gli squilibri e sfida la morte.

Molti di voi si ricorderanno quella moda giovanile diffusasi negli USA di stendersi sulle corsie delle strade. Non so quanti decessi abbia causato. Tutto era nato per emulazione di una scena di un film e dava l'insana ebbrezza di sfidare la morte. Conoscerete anche il folle rito della roulette russa: una pistola con un solo proiettile nel tamburo, a turno i partecipanti rullano quest'ultimo e si puntano la canna alla tempia premendo il grilletto. Anche diversi sport estremi fanno leva sull'elevato rischio di morte: dallo scalare le rocce senza la sicurezza delle funi al tuffarsi dall'alto nel momento che l'onda si alza e copre il fondale. Altri esempi : le corse in macchina dei giovani del sabato sera, pagare un "extra" alle prostitute per avere rapporti non protetti ...

Tutto questo amore del "rischio" ha diverse motivazioni. Avere la morte vicina aumenta la sensazione della vita in modo euforico, prendersi gioco della morte fa crescere nei soggetti alterati l'autostima. L' "etnopsichiatria" ci può spiegare perché negli antichi riti di iniziazione l'uomo doveva dar prova di forza e coraggio per essere ammesso come adulto nel clan e fino a che punto la riproduzione di questo comportamento oggi possa essere considerato patologico. Dimostrare che cosa e a chi? Ci vuole più coraggio nell'affrontare dignitosamente gli impegni quotidiani e la propria stessa psiche che esibirsi in queste "prove", spesso fughe dall'ammissione della propria inadeguatezza nei confronti della realtà: questa è da affrontare.

Certamente l'uomo sente la morte come una realtà potente ed invincibile. Nel pregiato film di Ingrid Bergman, "Il settimo sigillo", il protagonista, un cavaliere medievale, la incontra coperta dal nero, lungo mantello dal quale si intravede il biancore di un viso inespressivo, tutto come vuole l'iconografia classica, con tanto di falce in pugno. Sulla desolata spiaggia (...ai confini della vita) il cavaliere oserà sfidarla in una partita a scacchi mettendo in palio la sua pelle. La scacchiera è il bianco e il nero dell'esistenza, le sue polarità, tra la vita e la morte, tra il bene e il male, da cui l'esperienza distilla saggezza. Ogni mossa si tradurrà in vicende capaci di portare il cavaliere a una più profonda consapevolezza della realtà. Questo tempo preso alla morte è l'unico non sprecato, equivale ad una vittoria nonostante alla fine il cavaliere subisca lo "scacco matto" dall'ordine naturale delle cose, da quella morte invincibile che Brugel raffigurava nel pescare gli uomini intenti in questa vita a cercar sicurezza e felicità nei soldi e nella vanità del potere. E davanti a lei non c'è ricco o povero, né bello o brutto, né forte o debole: la morte è una livella, diceva Totò, tutti sono uguali davanti a lei, tutti ricomposti sullo stesso piano.

C'è comunque bisogno della morte per prendere consapevolezza della vita. Certamente ogni lutto può mettere in difficoltà la persona a cui viene a mancare un sostegno affettivo più o meno intenso, è una parte di se che se ne va, ma risanata la ferita ad ogni vuoto una nuova realtà riempirà l'evoluzione della propria esistenza. Dal contrasto risaltano i valori. L'importanza della vita viene data dalla sua mancanza. Il nostro io bambino davanti a essa ha solo paura o vuole sfidarla ed esorcizzarla in qualche modo, ma poiché è un fatto, qualcosa su cui bisogna per forza fare i conti, è l'io adulto che deve riflettere su di essa, porsi in un atteggiamento ragionevole e costruttivo per poterla accettare e sublimare. Certe esistenze si trasformano dopo aver rischiato di morire, incidenti o malattie. La morte ha fatto da stimolo per un recupero di significati e di valori, la vita rinasce più forte.

L'uomo è l'unico essere su questo pianeta che pianifica oltre la propria singola esistenza, mentre per il resto degli altri mammiferi, pur dotati di intelligenza e vita emotiva, è per quanto se ne sa, il solo istinto riproduttivo a programmare il mantenimento della specie. L'uomo ha una "genitorialità" consapevole. Tutte le istituzioni e le leggi, le tradizioni, le religioni, con difetti e virtù. sorpassano il singolo e gli permettono di avere un senso di continuità. L'io genitore non si limita ad accudire la prole ma ad inserire il figlio in questo mondo culturale di segni e simboli in cui presto si identificherà. Esso è così forte da poter superare l'istinto di sopravvivenza e la ragione. Quanti sono morti felici in nome della patria e della religione senza nemmeno domandarsi perché combattevano! In questi casi, purtroppo numerosi, l'io genitore inglobava l'io adulto e l'io bambino, non permettendo all'uno di ragionare e all'altro di affermare la legittima voglia di vivere. Ben diversa è la fede, intesa come originaria pulsione umana ancora libera da credenze codificate. In essa c'è la percezione di una realtà divina, di un significato del mondo e della vita che assimila la morte come un momento della vita, san Francesco la chiamava sorella. Ecco come l'io adulto può integrare la morte in se stesso ed evitare che diventi motivo di depressione o di esaltazione per chi la sfida anche col terribile gioco della guerra. Insomma ... la morte non è un giocattolo da lasciare all'io bambino

RAGIONE E SENTIMENTO

L' esperienza e la capacità di osservazione, prima ancora dell'affermazione degli scienziati dell'educazione e della psicologia, rende consapevoli di come l'amore sia trasmesso dai genitori ai figli sin dai primi mesi, forse anche durante il concepimento. Non c'è niente di magico in tutto ciò, diceva W.Reich: *"è possibile intuire se uno è nato per amore, per programmazione o per puro piacere"*. L'amore agisce come un campo magnetico. Che, in fondo, ci sia l'istinto di conservazione della specie, è indubbio, basta osservare una chioccia coi pulcini, una gatta con la sua prole, una renna col suo piccolo pronta non solo a difenderlo dai nemici ma ad usare le tecniche di spiazzamento per dirottare l'attenzione del predatore (fingere di avere una gamba spezzata, per esempio, simile strategia adottata dalle madri di diversi uccelli che simulano di avere un'ala rotta). Insomma l'amore per l'esistenza è inscindibile dall'esistenza stessa e ci si ingegna per salvaguardarlo. Un bambino che si è sentito amare ed incoraggiare nel suo sviluppo troverà la strada più libera per tutta la vita, esprimerà più facilmente la sua potenzialità e la convivrà con quella degli altri.

Non solo l'amare ma l'emotività nel suo complesso gioca un ruolo fondamentale nello sviluppo umano. La definizione "sano di mente" come capace di intendere e di volere è assai imprecisa riducendo alla mera capacità di calcolo una struttura viva e complessa quale è la mente umana. Vero è che una corretta programmazione neurolinguistica, ossia un pensiero logico ben strutturato e adeguato alla realtà, può risolvere diverse problematiche comportamentali e disagi affettivi, ma è qui, nella sfera affettiva, negli scambi elettrochimici del sistema cerebrale limbico che la persona "si sente" e "sente" gli altri. Lo stato psicopatico di chi ha allentato i contatti con la vita emotiva nella sua plastica sensibilità ed empatia è all'origine di tante devianze che danneggiano la società intera. Per vie traumatiche spesso infantili il fluire affettivo, il sereno rapporto con sé e con gli altri (ed il sapersi disimpegnare in ogni situazione emotiva) subisce delle interruzioni. E'anche un modello di vita consumistico che privilegia l'avere e l'apparire, a destabilizzare l'equilibrio psichico. La mancanza di partecipazione emotiva col prossimo, impoverisce l'energia di tutti gli stati dell'io. Rivivere la gioia, il dolore, lo stato d'animo dell'essere umano che si incontra, sentirlo e capirlo significa comprendere di più se stessi . Far tesoro dell'esperienza significa trarre da ogni incontro un affinamento dell'intuito per distinguere la falsità dalla sincerità, la tipologia dei sentimenti e del loro manifestarsi. Se si vive superficialmente e in modo disattento significa perdersi il meglio, ma per capirlo è necessario anche una educazione su ciò, una informazione psicologica che non va nella direzione "usa e getta" del mondo contemporaneo. Se non c'è attenzione e sensibilità verso la realtà interiore anche l'io adulto, la ragione, non può né considerarne i dati inconsci né canalizzarne le energie in modo proficuo. Un tempo erano le religioni, oltre il guscio dogmatico e formalistico, a sollecitare un'attenzione verso i valori interiori e verso relazioni fraterne utilizzando termini affini: carità, compassione, solidarietà, misericordia) perché c'è un bisogno collettivo di ricordarsi l'importanza essenziale di questi sentimenti per la stessa sopravvivenza umana. Perfino un materialista come Leopardi, nella sua religiosità personale, considerava la solidarietà come fondamento necessario del vivere comune. Purtroppo nel mondo assistiamo al massacro della natura e degli uomini tra loro, ma lo sfruttamento e la distruttività, ritorna, come un boomerang, a chi la perpetra: un vuoto di umanità, di sensibilità, non a caso la depressione, che è la patologia più estesa del mondo moderno si caratterizza proprio per questa "sensazione". Se si sa cosa manca si sa anche che da qualche parte c'è, e dove se non in se stessi, nella rete relazionale umana? Ognuno, in un modo o nell'altro, chi più chi meno, ha conosciuto il "volersi bene". Chi vuol bene si rispetta e rispetta, si lascia amare e ama : sa quanto conta e sia prezioso questo sentimento per sé e per tutti. E' il cemento che consolida il "fare" umano, la fiducia nell' umanità e nell'azione costruttiva.

I tre stati dell'io (bambino, adulto, genitore) trovano convergenze sul sentimento e sul concetto dell'amore, ovvero la "fame di carezze" dell'io bambino, il pathos dell'adulto, il senso di protezione verso i figli da parte del genitore). Certo è che, se questo amore è dirottato nelle illusioni materialistiche od ideologiche, se è deviato in atteggiamenti pietistici o masochisti, non può svolgere la sua naturale funzione. Quel che serve davvero è saperlo riprendere e ridare, naturalmente, poiché fa parte della nostra stessa vita, cioè procreare.

L''istinto di conservazione della specie, con tutte le sue sublimazioni, da solo non basta. La ragione permette di capire la convenienza della solidarietà per la difesa della vita stessa, e allora: solidarietà per la salvaguardia dell'ambiente naturale degli ecosistemi (facendo l'uomo parte dell'ecosistema: distrutto questo, distrutto quello), accordo per una adeguata distribuzione delle ricchezze per evitare guerre fratricide, solidarietà per pianificare le nascite per salvare l'esistente (sovrappopolazione significa sofferenza, guerra, aumento dei mezzi di produzione per sopperire alle richieste, ma anche inquinamento e distruzione dell'ambiente sempre più antropizzato). E quindi consenso nei doveri, nelle leggi, nell'educazione per una intelligente tutela del nostro bene comune

Domanda) L'innamoramento è un fatto di natura spirituale?

Risposta) No, è materiale, biologico, tanto vero che aumentando la percentuale di serotonina nel sangue (la quale quasi si dimezza nella fase dell'innamoramento, come in una vera e propria patologia psichica, sul tipo delle ossessioni maniaco-compulsive) il fenomeno emotivo tende a diminuire fortemente. Certe alterazioni in cui l'infatuazione si combina a forme maniacali di gelosia sono state curate con successo in questo modo. E' una questione quindi chimica finita la quale pure il romanticismo svanisce. Ovviamente è una cosa bellissima, strategia della natura per la procreazione, ed per questo che a differenza delle forme maniacali lo scombussolamento biochimico è temporaneo. L'ossitocina invece induce a legami stabili in tutti gli animali.

Quattro frati che meditano sulla morte

LA FAME DI CAREZZE

Che cosa è una carezza? Un segno di esistenza, di affetto, di riconoscimento. Per estensione psicologica è anche un sorriso, una stretta di mano, un saluto, un applauso, un segno di attenzione da parte degli altri... Proviamo a guardare la gente e noi stessi in questo modo: persone che vanno alla ricerca continua di carezze. Non è difficile risalire, dal comportamento presente, al modo in cui si è vissuta, nell'infanzia, la fame di carezze. Senza nutrimento affettivo, il bambino può morire, lasciarsi andare nell'inedia, ed è dimostrato che la sua evoluzione intellettuale e fisica risulta compromessa. Gli stimoli nella prima infanzia sono necessari quanto le proteine.

La relazionalità è condizionata dalle esperienze iniziali: chi ha avuto, fin dai fondamentali momenti dopo il parto, il contatto amoroso materno e poi, nei primi tre anni di vita, quei sorrisi, quell'attenzione, quella presenza fisica, affettuosa e rassicurante, che una madre può offrire, è segnato positivamente per tutto il resto dell'esistenza; chi invece è stato rifiutato e gli è stato negato, per un motivo o per l'altro, tutto ciò, subirà questo handicap per tutta la vita: molte schizofrenie derivano da questa privazione.

E' sufficiente che i primi mesi siano stati vissuti dal neonato nella "conferma" dell'amore materno, o comunque in una continuità con un'altra figura che gli ha donato un sincero affetto, anche se momentaneamente, per evitare il peggio.

Dai cinque anni in poi l'ambiente e l'educazione potranno modificare superficialmente la realtà psichica del bambino anche perché egli stesso reagirà secondo quei copioni di base. Se è stato rifiutato rifiuterà, se è stato amato sarà subito pronto a socializzare amichevolmente. Se ha subito violenza (carezze negative) sarà pronto a replicarla, poiché esiste una conferma negativa, quella per esempio in cui il piccolo viene picchiato ogni volta che piange (il piangere per un neonato può segnalare sia un disagio fisico come la fame, sia la richiesta di protezione), tenderà anche da adulto a relazionarsi con gli altri attraverso la violenza poiché ha conosciuto solo questo tipo di conferma. Ciò è tipico in molti cosiddetti "delinquenti" : è come se inconsciamente compissero dei reati per il gusto di essere puniti o per suscitare negli altri un interesse nei loro confronti, che altrimenti non avrebbero. Tutto sommato meglio la conferma negativa piuttosto dell'indifferenza: il rifiuto totale significa morte psichica.

L'essere umano ha necessità di una continua relazione efficace col suo prossimo, intellettuale ed affettiva, la privazione dello scambio vicendevole lo porta ad uno stato di sofferenza e poi di inedia, ed è per questo che la pena più disumana (nei secoli e ancora oggi) è l'isolamento, nelle prigioni e nei manicomi.

Rinchiudere per punizione il bambino nella sua stanza, impedirgli di frequentare amici e compagni, è l'errore più grave che si possa fare per correggere il suo comportamento: con la stessa insensibilità dei genitori egli, ormai adulto e loro anziani, finirà per sbarazzarsene rinchiudendoli in un ospizio. Un meccanismo insomma da interrompere poiché tende a ripetersi di generazione, in generazione.

Si continua così, a cercare carezze nella vita nei modi in cui esse sono state vissute nell'infanzia. Ci sono persone che per avere un minimo di riconoscimento sono disposte a tutto.

"Se farai il bravo, se farai come dico io, ti accetterò, avrai la mia attenzione".

Gli animali da circo in cambio di una prestazione ricevono uno zuccherino, il bambino una carezza, un sorriso o semplicemente un'attestazione di esistenza: l'attenzione della madre o del padre.

Perché tanta gente cerca disperatamente il così detto " posto al sole" ? Perché cercare di diventare "qualcuno"? Ricerca legittima, se compiuta onestamente e coi propri meriti, ma non si fa nulla, senza una motivazione conscia o inconscia che sia. Ricercare certi ruoli di "prestigio" può far sentire appagati, perché si ricevono quelle carezze tanto cercate e soprattutto perché si è al centro dell'attenzione: che poi in realtà le carezze siano finte e dovute al ruolo, alla maschera che ci siamo dati e non alla persona, alla sua identità profonda, poco importa.

I bambini emulano gli adulti. I modelli primari, amati o temuti, sono i genitori. Un genitore burbero e affettivamente lontano, presente solo nel dare ordini impone al bambino un atteggiamento di reverenza, che sarà premiato da qualche carezza. Avere da adulti dei sottomessi che ci riveriscono significa ricostruire specularmente il copione dell'infanzia. Essere come lui... Quindi da una parte si tende ad essere come chi ci dava le prime carezze dall'altra si continua a subire la tirannia del modo in cui esse venivano date. Questo perché nella prima infanzia i confini tra l'io e l'altro non sono tracciati con chiarezza, esiste una fusione con l'altro e da questo incrociarsi identificativo si struttura la psiche. Se quest'altro poi manca del tutto la psiche ne risente in modo irreversibile. Dal "copione" nasce un comportamento che esigerà di essere ripetuto per tutta la vita: solo se è riportato in tutta la sua forza emotiva a galla (al conscio) può essere modificato in modo da renderlo elastico alle esigenze della realtà.

Purtroppo non è così frequente che le carezze si scambino spontaneamente per dimostrare affetto e stima, spesso si cercano e si danno con la stessa artificiosità a cui ci si è stati abituati nell'infanzia:

"Dai un bacino al signore"..."Saluta lo zio"..."Fai vedere al papà quanto sei bravo" "Come si dice? Grazie!"

Questa viene chiamata "educazione", ma può tramutarsi in adulazione e quindi in ipocrisia. Il gioco delle finte carezze può durare tutta la vita.

L'esibizionista fa di tutto pur di catturare l'attenzione: "Mamma guarda come sono bravo, vado senza mani sul manubrio!" Il narcisista invece si compiace da solo, vuole tutto per sé, si auto accarezza (che è diverso dal volersi bene e dall'autostima), nega agli altri le carezze, con egotismo si ammira, replicando l'autocompiacimento dei propri genitori, poiché da essi non ha mai ricevuto un sostegno affettivo ,sincero, empatico, naturale, né li ha visti e sentiti attenti agli altri ed alla vita, ma solo a se stessi. Il divismo è la sintesi di questo modo di vivere: senza generosità non c'è creatività, non c'è scambio costruttivo. Solo apprezzando l'altro si può imparare, solo rispettando il "chiunque" si può capire ogni linguaggio e farne tesoro.

E' così impellente la fame di carezze che per sentirsi dire: " *Ti amo , sei bella!*" una ragazza rimane inerme di fronte al primo approfittatore. E' così forte che per fare bella figura in un matrimonio si ricorre all'usuraio che manda in rovina. Così imperiosa che un soldato per prendere una medaglia ammazza persone come lui...

Per ottenere dunque un consenso esterno si evita di discriminare, di valutare quali siano le motivazioni del proprio agire, ci si lascia ricattare e plagiare: *"se mi vuoi bene devi fare quello che ti dico"* ovvero *"sii quello che io voglio tu sia ed in cambio ti darò la mia attenzione"*

Osservando la pubblicità e la politica elettorale, ritroviamo questo gioco malsano che, da una parte, stimola la vanità e dall'altra la voglia di riscatto (siete stati sempre presi in giro, non ve lo meritate...vale a dire: io vi offro carezze quando gli altri ve le hanno negate). In effetti: riconoscere in sé e nel prossimo questa fame di carezze significa evitare di essere ingannati e cominciare davvero ad amare ed a lasciarsi amare.

L'educazione basata sulla carezza e sulla sberla o rimprovero (carezza negativa) in realtà è un addestramento animale. Tutta la struttura sociale primitiva si mantiene secondo la legge dei premi e dei castighi: se ti comporti come l'autorità comanda avrai delle ricompense e se ti ribelli sarai punito. Poi ogni rozza autorità stabilisce cosa è bene e cosa è male secondo i suoi preconcetti e tornaconti . Anche le religioni nel loro aspetto popolare soggiacciono allo schema. Ma se l'uomo non sapesse andare oltre questa "morale" non sarebbe migliore di qualsiasi altro animale sulla base dei riflessi condizionati.

Certamente non si può riprogrammare da zero l'essere umano, la base animale della ricompensa e della punizione fa parte dell'adattamento all'ambiente: gli eventi finiscono per "punire" l'errore e "premiare" il risultato vincente. L'uomo però ne può fare un uso intelligente, educativo "spiegando" in modo adulto il perché certe azioni vanno premiate ed altre scoraggiate o punite. Viceversa l'uso dei premi e dei castighi allo scopo di assoggettare le persone a modelli ideologici e consumistici priva l'uomo delle sue potenzialità e della sua dignità. E' l'individuo comunque che deve capire, non la società, dalla piccola istituzione famigliare allo stato, in quanto l'istituzione per natura è inconscia e ripetitiva. Solo l'individuo impara ed evolve, e se sono tanti gli individui che crescono, anche le istituzioni in cui essi operano diventano funzionali alla realtà per il benessere collettivo (quanti meccanismi inadeguati continuano a imporre le regole sociali, pensiamo il riferimento al PIL, sostanzialmente illusorio, come ebbe a spiegare

Robert Kennedy poco prima di essere ammazzato, oppure l'utilizzo di fonti energetiche inquinanti e sorpassate come il petrolio!).

Ogni società genera i suoi eroi, modelli esemplari. Qualche volta rispondono alle caratteristiche più elevate dell'uomo altre volte a quelle più volgari. Ma al di là dei modelli non c'è un individuo da "accarezzare" come migliore né ci si deve "accarezzare" come migliori, ci sono invece persone di valore che in mezzo a tanta mediocrità egoistica cercano, lavorano e costruiscono liberamente con capacità ed umiltà. La gratificazione è fine a se stessa, nasce dal cuore, libera dal desiderio di premi in questo o nell'altro mondo.

Corso accelerato per paranoici: regola 1): mettere a disagio il prossimo 2): farlo sentire in difetto 3) : aver sempre qualcosa da ridire e non domandarsi mai: "mio padre e mia madre facevano lo stesso?" 4): mantenere il ricordo delle ansie e delle angosce che essi suscitavano invece di liberarsene (anche i genitori erano vittime dei loro!)

IL BAMBINO VIZIATO

Durante un viaggio scesi con un amico in un autogrill per una pausa. Ci fermammo ad un tavolino per consumare due yogurt, mentre chiacchieravamo non mi accorsi che alle mie spalle si avvicinava un bambino di cinque o sei anni; questi infilò il suo dito nel mio vasetto di yogurt e ritornò dalla madre nel tavolino accanto. Quando con sorpresa mi girai e afferrai la scena, la madre alzò le spalle, mi fece un ampio sorriso dicendomi : "E' solo un bambino!" E continuò a parlare come se niente fosse con suo marito.

Ecco come, a poco a poco, lasciando fare al bambino quello che vuole, senza intervenire spiegando l'eventuale errore comportamentale, esso diventa "viziato", ovvero si convincerà che a lui "tutto è dovuto", di essere speciale, che è cattivo chi gli pone dei limiti. Poiché ogni individuo si rapporta con l'ambiente attraverso gli schemi appresi nella prima infanzia, è facile individuare quale bambino esiste in lui. Le sue transazioni col mondo esterno rivelano se è viziato, adattato, iperprotetto, carogna o libero.

Chiariamoci brevemente cosa si intende con questi termini. Per adattato si considera chi accetta le situazioni e si adegua ad esse senza chiedersi se possono essere modificate. Un esempio: La madre lascia solo il bambino in casa raccomandandosi a lui di non uscire a giocare in giardino perché fa freddo. Se è adattato prenderà un giornalino o farà due disegni aspettando che sua madre ritorni. Se è iperadattato non cercherà neppure di "passare il tempo", starà lì fermo ad attenderla, incapace di prendere qualsiasi iniziativa. Se è libero, dopo aver valutato la mancanza di pericoli in giardino, si metterà un maglioncino ed un berrettone di lana in testa ed uscirà fuori a giocare per poi rientrare prima dell'arrivo della madre. In altri termini prenderà da solo la soluzione migliore per se stesso ed indipendentemente dalla madre. Se è iperprotetto difficilmente si verificherà la situazione, essa finirà per portarlo con sé per paura che gli succeda qualcosa, ma se così non accadesse piangerà , starà in pena per tutto il tempo. Se il bambino è "carogna" e non voleva essere lasciato solo si vendicherà facendo qualche dispetto... rompendo un oggetto caro alla madre. Del resto è stato educato a "farla pagare" a chiunque lo contrasti. E il viziato? Gli verrà concesso quel che gli aggrada, è lui a dettare le condizioni, a ricattare: *"faccio il bravo però voglio quel regalo"*. Nel caso eccezionale non fosse fatta la sua volontà coverà odio, offeso a morte! Insomma l'unico O.K. è il bambino libero, né i disubbidienti né gli ubbidienti: egli è chi nella vita sarà un vincente.

Chi ha conoscenze ed esperienza in campo etologico troverà, da quanto appena descritto, somiglianze comportamentali con gli animali domestici a dimostrazione di come l'io bambino coinvolga la sfera delle reazioni emotive ed istintuali comuni a tutti i mammiferi. Anzi gli animali devono il loro carattere ancor in modo più rilevante alle relazioni col padrone, essendo il loro spazio reattivo condizionato dal solo temperamento biologico (la risposta personale è tipicamente umana, per quanto se ne sa).

Queste reazioni non nascono casualmente, esse sono il frutto della interazione tra l'azione genitoriale (educativa) e la risposta personale del bambino. L'azione corretta genitoriale è quella di spiegare la situazione. Nell'esempio precedente la madre informerà il figlio del perché deve assentarsi e perché non può portarlo con sé, mostrandogli il suo affetto con un bacio prima di andar via. La reazione del bambino dipende anche da come il genitore imposta ragionevolmente ed affettivamente la circostanza.

Nella vita chi dà problemi porta con sé un bambino frustrato. Nell'adolescenza, il viziato si troverà a scontrarsi con un mondo che non gli permette di fare quello che vuole; purtroppo nel suo schema mentale originario sviluppatosi in famiglia è assente l'autocritica, il senso della limitazione per cui potrà sviluppare l'errata convinzione di non essere capito dagli altri, di essere perseguitato. Ad ogni ammonimento dell'insegnante risponderà dicendo: *"Lei ce l'ha con me!"* ed in tutta buona fede, farà fatica a capire la sua reale inadeguatezza comportamentale. Come da bambino si sentiva garantito dai genitori, così chiederà giustizia ad altre autorità e se pure queste, come prima o poi avviene, gli ripropongono di limitarsi, il mondo gli crollerà addosso per cui potrebbe perfino pensare al suicidio. Questa è l'eredità che gli lasciano i suoi genitori...

L'educazione è un fatto di equilibrio e moderazione. C'è il bambino a cui si consente di far tutto e quello a cui è stato negato il diritto anche alla spensieratezza. Una ragazza con diversi problemi relazionali, un giorno mi confidò, irrompendo in un pianto finale di liberazione, che sin da quando aveva quattro anni i genitori la obbligavano a lavare i piatti: poiché lo sgabello su cui saliva non era sufficientemente alto, un giorno sforzandosi di prendere un piatto per lontano, perse l'equilibrio facendolo cadere. Questo piatto rotto fu il motivo di una buona dose di sberle: "*Non lo dica a nessuno!*" mi ingiunse. La titubanza nel parlare di queste cose rivelava la sua vera paura, di essere punita ulteriormente. I genitori l'avevano portata in un consultorio, ma alla psicologa a cui era sta affidata, non diceva nulla. Del resto i "suoi" erano ligi ad informarsi dell'andamento della terapia per cui lei li vedeva "complici" esterni. Come poteva confidarsi? Quando ebbi modo di ascoltare un suo genitore mi disse: "*Noi abbiamo fatto di tutto per educarla come si deve insegnandole il buon comportamento eppure ha finito per ribellarsi!*". L'ambiente psichico e sociale di questa ragazza è una prigione da cui cerca vie di fuga. Sembrerebbe, all'opposto, una bella vita quella del bambino viziato ma nel suo feudo paranoide dove tutto gli è dovuto, pure lui non è libero, vive male, schiavo dei suoi capricci.

Nelle società occidentali il crescente permissivismo e lassismo etico rende frequente la tipologia del viziato. Nel bullismo e nel teppismo si trovano spesso "figli di papà". La libertà è confusa col "fare quello che si vuole" e i "modelli" sono gente piena di soldi, di successo, sempre a divertirsi, il "come" si fa ricchezza, ci si arrampica e ci si spassa non importa: l'"importante è seguire i dettami del consumismo, di questo paese dei balocchi. L'arte, la fede, il civismo (ovvero gli impulsi qualificanti l'essere umano) sono roba del passato. La scienza è in mano agli interessi economici ed è imperante il "chi me lo fa fare?" o il "chi se ne frega" per ogni impegno umano. La società dei consumi ha proprio nel viziato il suo terreno di coltura e si arricchisce di questo.

C'è alternativa? Qui non si tratta di interrogarsi filosoficamente sui modelli politici, ma domandarsi se questo sistema sociale ormai globale sia capace di assicurare la sopravvivenza qualitativa alla specie umana. Se nella logica dei profitti si considera l'uomo alla stregua di un maiale regnante nel suo porcile (data la degradazione ambientale, l'immagine non è nemmeno allegorica) allora diamogli pure tutti i giocattoli che vuole: macchine, cellulari, vestiti alla moda, diplomi... basta non grugnisca troppo. L'essere umano nell'ignoranza finisce per essere non solo distruttivo ma per ribellarsi contro chi credeva di gestirlo. Insomma l'educazione ci distingue dagli animali appunto perché fa leva su l'io adulto ragionevole, sulla cultura, su aspirazioni elevate, persa questa perso tutto.

LA POSIZIONE DEL FIGLIO E L'IMPORTANZA DEL GENITORE

Il modo in cui è stata vissuta l'infanzia condiziona la persona per tutta la vita. Per evitare che essa veicoli sentimenti e reazioni dannose è necessario conoscerla e accettarla. Si potrà così modificare quei comportamenti indotti dai copioni provenienti dal passato, quei solchi scavati sempre più dalla continua ripetizione e che spesso portano solo all'infelicità, alla illusoria conferma che si è così, per natura o per destino... Non è vero. E' una struttura derivata dalla interazione di situazioni ambientali (come la posizione del figlio: unico, primogenito, secondogenito …) con la risposta personale. Questa dinamica si svolge alla superficie di una componente genetica (il corpo) ed una più profonda, archetipica ed universale da cui il termine anima.

Tra i tanti fattori ambientali in cui il bambino si muove, dunque, c'è il posto in cui si trova in famiglia. In breve, sapendo che la complessità è implicita inserendo le diverse varianti, capita generalmente questo: se il figlio è unico tenderà a credere per tutta la vita, di avere solo per sé, dei diritti che in realtà non ha, poiché non ha mai dovuto spartirli e limitarli con altri fratelli. Se è primogenito si aspetta di avere l' autorità e farà di tutto per conservarla come quando si relazionava coi fratelli più piccoli. Se è il secondogenito lotterà per farsi valere: sentendo l'ostacolo nell'autorità, si ribellerà oppure finirà per accettarla passivamente. Se è il terzogenito (di tre) attenderà di essere protetto dagli altri, che gli altri facciano per lui. Se è il secondogenito (di tre) potrà sentirsi una figura non importante e messa ai margini della società. Allo stesso modo gli intermedi, se i fratelli sono tanti . Come detto le varianti possono articolare aspettative e comportamenti diversi, varianti incentrate sul modo in cui i genitori si sono relazionati coi figli e come questi hanno reagito alla situazione. Rimane il fatto che il modo in cui il figlio sente e vive la sua posizione influirà sulla sua esistenza sociale.

Segnalo il libro di Frank J. Sulloway "Fratelli maggiori e fratelli minori" ed. Mondadori 1999, per un'ampia ed approfondita disamina del tema in chiave psico-sociale.

Importante è comunque avere la cognizione, se non l'esperienza, che certi meccanismi socio-ambientali hanno la tendenza a svilupparsi in un certo modo, ma non necessariamente attuarsi in quel modo. Il ruolo del genitore è fondamentale, la sua capacità di dare non solo affetto, ma attenzione ad ogni figlio, di relazionarsi a lui anche in modo adulto e consapevole, evita che tali meccanismi si attivino condizionando la vita a danno di scelte libere e responsabili.

Spesso mi viene detto che bisognerebbe fare dei corsi per diventare genitori. Se da una parte è vero che essere preparati per tale ruolo è importante , dall'altra è altrettanto vero che non è un "mestiere" da imparare alla stregua di altri, in quanto esiste una componente appresa sin dal momento dell'imprinting iniziale. L'uomo condivide con gli altri primati, amplificandolo, il bisogno dell'esperienza educativa. Se ad una madre di una scimmia ominoidea viene sottratta definitivamente la figlia al momento del parto, quest'ultima sarà incapace di provare interesse ed affetto per la sua prole. Ciò significa che l'amore materno e paterno non è innato ma appreso, se un essere umano è privato dell' amore soprattutto nelle prime fasi della vita sarà incapace di amare, di trasmettere quei valori che danno dignità all'essere umano. Ho visto educare ottimamente i figli da persone semplici e di bassa cultura, ma di grande buon senso, viceversa ho preso atto di disastri compiuti da genitori colti e di alta posizione sociale. Ci sono stati pedagogisti famosi che all'atto pratico, nell'educazione dei figli, si sono dimostrati dei fallimenti. Psichiatri coi figli suicida senza per questo attribuire loro una qualsiasi diretta responsabilità (le cause di questi insuccessi si spalmano sui più diversi fattori, da quelli fisiologici a quelli ambientali, compagnie su tutto). Non è dunque la conoscenza a fare un genitore ma soprattutto l'esperienza, in primis quella seppellita nell'inconscio, il modo in cui si è stati allevati. Ciò nondimeno per rendere la catena virtuosa è possibile intervenire, se mancano quelle premesse positive, facendo leva sulle proprie capacità di capire e fare tesoro dell'esperienza di altri, superando il proprio egoismo di riflettere nel figlio se stessi. Ci vuole autocritica e non sensi di colpa per ricollocarsi nei corretti rapporti coi figli, sapendo comunque che la perfezione è una chimera e che i fattori irrazionali possono, positivamente o negativamente, incidere oltre la volontà. Bisogna occuparsi dei figli, non preoccuparsene, ogni elemento ansiogeno è deleterio. La propria vita è uno sviluppo globale vissuto con gli altri, non è dunque da considerare in modo unilaterale (la famiglia, il lavoro...): la ricerca di equilibri da realizzare in rapporto ai cambiamenti esterni, di una maggiore consapevolezza del sé, di virtuosi compimenti interiori, rende anche fruttifero il rapporto con gli altri e con i figli. La responsabilità di "guidare" ci obbliga a essere positivi in noi stessi, poiché il nostro stato si rifletterà soprattutto in chi ci segue, ma è la autonomia dei figli , la fine della loro dipendenza da noi, il traguardo (così come in natura, pensiamo agli uccelli: finito lo svezzamento, nel momento in cui i figli hanno imparato a volare e a procurarsi il cibo da soli, anche i genitori si sentono liberi...).

Domanda) Gli insegnanti non hanno a loro modo un ruolo genitoriale importante?

Risposta: Certamente. Soprattutto la figura del maestro elementare rappresenta un'alternativa di transfert ai propri genitori, talvolta a rimedio dei loro difetti. Non c'è pericolo che l'affetto del giovane si perda nelle varie identificazioni con gli adulti, semmai si alimenta sempre più. L'importante è che l'insegnante sia una figura equilibrata, autorevole, capace di segnalare le negatività e le positività in modo corretto invogliando l'interesse e la curiosità dell'allievo nell'esplorazione della realtà.

E pensare che sotto i nostri piedi ci sono decine di miliardi di esseri umani ormai ridotti in terra, senza contare milioni di miliardi di altre creature... Mi sa che anche noi un giorno ci risveglieremo senza sapere che siamo già morti...

SUL SENSO DI COLPA

Nelle tradizioni religiose si possono ritrovare dei detti che evocano profonde conoscenze psicologiche. Uno di questi è "I *peccati dei genitori ricadranno sui figli*" (Es. 20:5; 34:7). Sappiamo che a livello somatico con la trasmissione genetica si ereditano anche malattie, e che gli errori di vita del genitore peseranno sulla vita del nascituro . Così a livello psicologico gli sbagli educativi, precipuamente nella violenza a cui spesso si accompagnano, vengono ritrasmessi generazione dopo generazione. Soltanto che invece di sentirsi in colpa "il padre" è il "figlio" a doversi inconsciamente prendere carico delle colpe dei genitori. A questo conduce la "pressione "esteropsichica", ossia il modello morale comune, che vede il bambino come un oggetto ribelle da educare e tende a giustificare il genitore ed i suoi mezzi repressivi (punizioni, sberle, sculacciate, prediche, minacce etc.). E' una realtà scomoda, difficile da accettare in quanto significherebbe risollevare in sé una realtà di sofferenza. Alice Miller cita (l'infanzia rimossa) certe sentenze contro reati di stupro e violenza fisica sul figlio concluse con l'assoluzione del genitore o per via di attenuanti o semplicemente negando credibilità al minore. Il genitore diventa un poveretto continuamente provocato dal comportamento del bambino/a, in situazioni socio-economiche difficili, con un carico di problemi personali ...Come non giustificarlo? E del bambino ci si dimentica: come non lo hanno difeso i genitori così non lo difende una società composta da adulti che hanno rimosso le loro angosce ed i traumi subiti nell'infanzia idealizzando e perdonando ogni cosa al genitore. Quel genitore stupratore "perdonato" è lo specchio del "proprio". L'altro punto di vista, quello del bambino, non ha diritto di esistere , quanto ha subìto, non può essere rivendicato … E' il bambino che deve sentirsi in colpa non il genitore! (Questo non significa escludere, poiché diverse volte è stato comprovato, che è il minore a ricostruire scenari immaginari vuoi in buona fede vuoi per altri motivi).

Come nasca il senso di colpa non è un mistero. L'introiezione delle norme assunte nell'infanzia dai genitori e dall'ambiente esterno, costruisce un modello comportamentale psichico di valori su quel che è bene o male fare. Un evidente disagio emotivo si manifesta nell'individuo quando cerca di comportarsi diversamente dal proprio modello. A livello inconscio esso avverte che qualcosa non va, che ha trasgredito delle regole, che è andato contro dei tabù. La paura della punizione gli ritorna nella vita, anche se i suoi genitori sono morti e la società è indifferente a quello che ha fatto. Naturalmente il timore sarà più forte se l'ambiente esterno condivide il suo modello. Viceversa se esso si adegua alla norma interna/esterna si sentirà gratificato, "a posto" con la coscienza. Un esempio documentativo ci aiuterà a capire.

Una ragazza africana non accetta di essere infibulata (recisione della clitoride e cucitura della vagina) come vuole la tradizione del clan: ha paura, qualcosa in lei si ribella contro quanto si è sempre fatto, e solo per questo viene considerato cosa buona e giusta da ripetere in futuro. La parentela femminile cerca di indottrinarla sulla sacralità della cerimonia. Queste donne si sentono a posto con la coscienza, hanno rimosso il terrore avvertito da ragazzine anche attraverso la giustificazione dell'evento traumatico come un sacrificio dovuto alla conservazione di un valore collettivo. La ragazza viene quindi minacciata: se il rito non viene compiuto il gruppo la allontanerebbe come ignobile ed impura. Infine gli si chiude ogni alternativa: con le buone o le cattive, quel che si deve fare sarà fatto, indipendentemente dal consenso di lei. Solo la madre sembra capire la figlia ma ha paura di andar contro il gruppo: non ha rimosso completamente le pene subite quando aveva l'età della figlia, ricorda l' angoscia che provava in quei momenti e avverte l'assurdità della norma, ma nonostante questo accenno di adulta consapevolezza, finisce per sottomettersi ad essa. Teme di essere anormale, pazza e prova rimorso dei suoi stessi pensieri. Poiché l'ambiguità dei sentimenti continua a confonderla e la paura di infrangere un tabù con tutte le conseguenze che comporterebbe è troppo forte, lascia la figlia al suo destino. Come lei non è stata protetta da sua madre così non proteggerà la figlia. Non sentirà nessun senso di colpa verso la figlia, poiché la genitorialità non va trasgredita ed è lei a dettare la bontà o meno di certi sentimenti. La sacra tradizione continuerà.

Il senso di colpa è avvertito quando si mette in discussione o si contrastano i modelli genitoriali per quanto ingiusti e portatori di disagi. Per evitare la sofferenza di questo stato, scatta il meccanismo della rimozione, della giustificazione: tutto quanto si è subito dall'ambiente e dai genitori è in fondo giusto, e la colpa dei conflitti è propria. Sigmund Freud inizialmente aveva capito che le nevrosi e le psicosi sono il prodotto dei traumi del passato infantile, ma in un secondo tempo, ha finito per rimuovere il suo vissuto e sublimarlo, intellettualizzandolo, con teorie che nascono dal rifiuto di una realtà per lui insopportabile. In poche parole anche Freud non è riuscito a risolvere il ricatto genitoriale (se si mette in discussione il modello genitoriale ci si sente esclusi). Risultato è la giustificazione del passato: se il genitore reagisce violentemente è in risposta alle pulsioni aggressive ed "indisciplinate" del bambino. L'esperienza e un'osservazione disincantata, afferma il contrario: è il bambino che impara la violenza dal genitore e comincia a rispondere con essa. Apprenderà anche che il risentimento provocato dalle punizioni deve essere trattenuto e rimosso. Il genitore può essere violento, ma lui no. Se risponde con altrettanta violenza verso il genitore è punito ancor di più per cui è costretto a non manifestare odio, ad "ingoiare" senza reagire. Ma questa carica negativa si accumula dentro di lui pronta a sfogarsi su un innocente, anziché sul responsabile: è un circuito senza soluzione, più violenza si rovescerà su di lui, più sarà distruttivo richiamando su di sé altra violenza... la accumulerà per poi sfogarla nei modi più disparati "dimenticando" l'oggetto vero del suo risentimento, quel genitore da cui non ha avuto amore e comprensione ma prepotenza spacciata per educazione. In questo modo si addossano al bambino le colpe dei genitori.

Certi sentimenti negativi sono attribuiti al bambino quando invece sono del genitore. Come al solito tutto nasce dall'ignoranza e dalla errata interpretazione. Chi non ha notato l'infante nel box prendere un oggetto e scagliarlo a terra? In questo modo egli valuta pesi e distanze secondo uno spontaneo processo acquisitivo. O svolto con giocosità o seriamente l'esercizio è per lui importante . Poniamo che il genitore abbia interpretato il gesto maliziosamente come un capriccio e punito il figlio con una sculacciata. Due sono le reazioni possibili: il bambino rilancia l'oggetto recuperato dal genitore con rabbia oppure risponde all'aggressività piangendo. In entrambi i casi ha "registrato" una cattiveria non sua. In altri termini gli impulsi distruttivi sono sollecitati dall'ambiente. Dall'osservazione antropologica risulta che le tribù possono essere pacifiche o meno solo per la variabile culturale, per l'educazione insomma. Freud costruirà un modello irrealistico affermando che, in genere, sono i bambini ad inventarsi gli abusi subiti, a costringere i genitori alla violenza per via della loro aggressività innata. In questo modo il processo di idealizzazione dei genitori e della società rimane immacolato, meglio rimuovere la realtà piuttosto di toccare il modello. Questo è il grave limite della psicoanalisi freudiana. Il bambino va preso sul serio, quel che cerca di comunicare, le sue rivendicazioni, i suoi bisogni affettivi ed intellettuali non possono rimanere inascoltati. Troppi sono gli adulti che portano in sé un bambino frustrato, bloccato dai sensi di colpa, e per questo non prendono seriamente le esigenze del proprio inconscio, né quelle del prossimo. Si può spezzare questa catena riconoscendo in sé quell'infanzia patita, mai comunicata a nessuno.

Si affermava fino a non molto tempo fa che Freud fosse "rivoluzionario" per la sua epoca, soprattutto in riferimento al fatto che l'avrebbe sconvolta con la sua teoria delle pulsioni: il bambino non è un innocente bambolotto, ma ha pulsioni libidiche ed incestuose. Come ogni essere vivente, anche il "cucciolo d'uomo" sin dall'inizio cerca il piacere, è naturale, ma perché proiettare in lui quelle malizie che sono tipiche dei "grandi"? In realtà Freud ha salvato il modello genitoriale, il perbenismo rigido dell'epoca proiettando le sue negatività nel bambino. In questo modo ha limitato la criticità adulta e salvaguardato la forma sociale anche negli aspetti deleteri, come la mamma della bambina africana di cui si era parlato.

Il valore psicoanalitico del "guardarsi dentro" non può non tener conto dell'ingerenza del modello di chi fa questa ricerca, esso impedisce realmente di rivivere oggettivamente il proprio vissuto infantile. Questo perché il senso di colpa "viene educato" nel bambino verso i genitori, verso la società per poterla mantenere idealizzata. Il bambino è costretto dal modello a inventare delle ragioni per sentirsi in colpa. Anche nel caso delle confessioni di criminali vittime di abusi nell'infanzia (ma tutti i criminali, consapevoli o no, hanno subito soprusi) si nota che finiscono per giustificare questa violenza, affermando di essersela meritata, ed anche quando evitano di giustificarla, ne parlano senza coinvolgimento emotivo poiché hanno paura di rivivere i traumi, di sfondare il blocco psichico. Così rimossa la carica di aggressività verso i genitori essa può venire canalizzata verso gli altri con conseguenze criminali. Il feticcio genitoriale rimane intoccabile. Solo se la violenza subita viene rivissuta si ha la catarsi, il risentimento (che non poteva essere manifestato per paura di un'ulteriore punizione) e le paura verso i veri responsabili devono tornare alla luce, altrimenti questa paura e quest'odio rimangono come mine vaganti nella propria esistenza pronte ad esplodere su oggetti ignari.

Psichiatri e psicologi, loro malgrado, possono dunque diventare elementi di conservazione sociale. Un atteggiamento pregiudiziale, moralistico, da parte di chi dovrebbe esserne libero, finisce per diventare garante di modelli genitoriali stabiliti. Ci sono ruoli come quello dell'insegnante, dell'avvocato, del giudice , del medico o dello psicologo che tendono a farsi portavoce delle aspettative sociali. La cultura, precipuamente nell'insegnamento e nella scienza, se è autentica ricerca la verità, l'oggettività indipendentemente dalle ideologie e dai paradigmi sociali: ciò presuppone che i professionisti siano psicologicamente liberi, che abbiano risolto i legami genitoriali dell'infanzia, altrimenti li riprodurranno . Chi si è modellato passivamente sul genitore si lascerà modellare dal sociale, chi viceversa è stato un "ribelle" sarà un "Bastian contrario" di nessuna utilità. L'io di ambedue non è equilibrato dall'adulto ma dipendente dalla genitorialità.

I ruoli che indossano una veste genitoriale (l'autorità: l'insegnante, il medico, il giudice, il vigile …) sono svolti da persone con un proprio io infantile e con un proprio modello genitoriale che condizionerà i rapporti interpersonali. Un vigile con un padre tollerante tenderà ad essere meno fiscale, viceversa se puntiglioso. Inoltre in tali ruoli si tende a traslare il proprio io infantile all'allievo , al paziente etc. con aspettative diverse. Dall'altra parte la tendenza è quella di traslare l'atteggiamento avuto col proprio genitore su queste figure che lo richiamano, ed ecco gli indisciplinati a oltranza nelle scuole, i ribelli a qualsiasi forma di autorità o i "lecchini"per tutti i gusti. Questi rapporti medico/paziente , cliente/avvocato, insegnante/allievo eccetera dovrebbero in realtà essere gestiti dall'adulto essendoci una domanda ed un'offerta, una prestazione e la ricerca dei mezzi per conseguire un obiettivo.

Un tempo i genitori mandavano dal prete il figlio per convincerlo a " fare il bravo" ed oggi si sta verificando qualcosa di simile in modo "laico". Ricordo una ragazza diciassettenne la quale mi confidò che i suoi l'avevano mandata da uno psicologo di fiducia per correggere il suo comportamento ribelle. Lei aveva tentato di spiegare cosa succedeva in casa, ma le risposte erano quelle di capire i genitori, di accettare la situazione etc. Anziché trovare un confidente capace di accettarla totalmente, un "complice" sincero dei suoi segreti, ha trovato in lui un prolungamento dei suoi genitori, una figura del tutto inutile ai suoi bisogni, del resto, concludeva: "Lo pagavano i miei genitori ed andavano da lui ad informarsi sull'andamento della terapia". Poi con gli occhi gonfi mi disse che già da quando aveva quattro anni doveva pulire i piatti e che una volta è stata picchiata perché aveva rotto un bicchiere:"...ma facevo così fatica ad arrivare al lavabo !" Quest'episodio era stato liquidato col classico: "Bisogna capire che lo hanno fatto per il tuo bene"; così le minacce, le prediche del tipo: "Ai miei tempi dovevo sempre aiutare in casa", venivano risolte con una sacerdotale assoluzione dei genitori e con la penitenza di un rinforzo di senso di colpa. Lei cercava di liberarsi, di realizzarsi, sperava di trovare un adulto, un compagno che la capisse e sentisse il suo dramma ma trovava un'altro genitore da assecondare tanto per fargli piacere... e non poteva fare altro. Non pochi genitori mettono al mondo i figli solo per sfogargli addosso la rabbia che avevano dovuto ingoiare da piccoli.

Tutto ciò può essere stato fatto in buona fede sia dai genitori sia dagli "psicologi educatori" , ma con la buona fede e le buone intenzioni, a volte, si sono distrutte delle vite umane.

Ancor oggi è presente una pedagogia nera che, anziché aiutare il bambino a realizzarsi, a liberarsi, ad essere indipendente coi suoi sentimenti e pensieri, gli vuole inculcare un comportamento, dei modelli. E' evidente che l'individuo nella società trova norme a cui deve adeguarsi (dal non passare col semaforo rosso, al non far chiasso negli ospedali), ma se esse sono apprese ragionevolmente e con positiva criticità diventeranno per lui delle coordinate flessibili alla realtà, di cui sarà partecipe in modo intelligente, altrimenti se vissute in modo coercitivo, saranno motivo di rigidità o di ribellione ad esse per tutta la vita (non ci sono forse automobilisti "pirati" che si divertono ad infrangere ogni codice stradale?). Dovere del genitore è spiegare, mostrare le cose in modo che il bambino comprenda la loro utilità ed il loro senso. Se c'è inoltre un canale sotterraneo di simpatia e di amore, egli non avrà difficoltà a capire ed ad adeguarsi alle giuste convenzioni. Il resto lo farà il senso di imitazione quando c'è coerenza tra il dire ed il fare del genitore. Se in casa i genitori bestemmiano e usano parolacce non servono a nulla le spiegazioni sulla sconvenienza di questo linguaggio, il giovine recepirà che da grande potrà farlo anche lui o comunque lo farà in loro assenza. Anche questa violenza verbale è "appresa" in famiglia, mentre se è assente inciderà ben poco quella incontrata sullo schermo televisivo o fuori casa, non c'è ragione per identificarsi in essa, poiché non è "famigliare".

La pedagogia nera è quella che giustifica il genitore quando intimorisce i figli per ottenere quanto vuole da loro, vuoi con le botte vuoi con le minacce : "Se ti comporti così non ti voglio più bene" , "Ti manderò in collegio ed allora avrai finito di darmi dei problemi","Finché non chiederai scusa non ti parlo "...Tutti modi per far sentire in colpa il bambino. Se si avesse la forza di rivivere in sé lo stato emotivo che si provava sentendo queste cose non si riprodurrebbero più, l'abreazione è necessaria, diversamente l'angoscia rimane inconscia, negli incubi ma pronta a trasferirsi su altri.

In natura solo l'uomo può mantenere paura verso i genitori per tutta la vita. La loro presenza viene idealizzata, ad essi si chiedeva protezione, sicurezza ma la paura della punizione e di essere abbandonati rimane un problema anche dopo la loro morte, in quanto la società stessa si serve degli stessi meccanismi di condanne ed emarginazioni. Il bisogno di protezione è impellente in ogni piccolo di ogni specie, il miagolio disperato di un micino che cerca la madre o il pigolio sconsolato di un pulcino riescono a coinvolgere emotivamente l'essere umano, come in risposta di un ricordo atavico animale irresistibile. Quando si parla di "effetto cucciolo" ci si riferisce proprio al bisogno di coccolare, al senso di tenerezza e dolcezza provato nel prendersi cura di un animaletto. Ma questa esigenza quanto può costare all'uomo! (non ci riferiamo a chi spende una fortuna per cani e gatti abbandonati ma in termini di ricatti psicologici mossi dai genitori ai figli). Nelle altre specie la protezione della prole ha il fine di preservare le generazioni, pensiamo a un elefantino nel gruppo , dove le femmine adulte a turno lo sorvegliano dagli attacchi dei leoni, lo osservano affinché non si smarrisca o cada in qualche pericolosa pozzanghera. Ricordiamoci ancora della custodia della nidiata da parte di una coppia di anatre, di una lupa verso i cuccioli... essi trovano reale protezione e non ubbidiscono ai genitori per "paura" (con qualche eccezione nei primati, ma già ci avviciniamo all'uomo). Diversa è l'iper -protezione di un genitore che vuole il figlio sempre a sua disposizione, che lo obbliga a mangiare come fosse un tacchino e a rimanere con lui per potergli trasferire addosso le proprie ansie. Il cucciolo in natura, quando è il momento, robusto a sufficienza dopo aver imparato le tecniche di sopravvivenza anche attraverso l'osservazione dei genitori, viene lasciato da loro alla sua indipendenza.

L'uomo ha sviluppato forme innaturali di oppressione cominciando dai figli, devianze frequenti: i genitori come "capi" tengono sottomessi i figli in un regime di terrore, quasi debbano sentirsi in colpa per essere nati. Chi è convinto che il rispetto nasce dalla paura probabilmente ha vissuto l'infanzia tra sensi di colpa e paure di scatenare delle reazioni violente del genitore. Fortunato chi invece ha trovato la sicurezza interiore dal naturale senso protettivo, mai invadente e solo occorrente. In quest'ultimo caso ci sono le condizioni affinché si sviluppi l'espressione creativa e giocosa della socializzazione, nell'altra situazione coercitiva, la mancanza di un vissuto di libertà interiore porta al disprezzo della libertà nel sociale (al di là delle finzioni politiche dove questa parola si sbandiera sempre anche per coprire la sua mancanza nel fatti). La paura causa una dissociazione emotiva ed intellettuale, da qui il bisogno dell'ordine, del capo, di rassegnarsi alla causa stessa delle proprie insicurezze, a quel genitore "onnipotente" che a sua volta è stato distrutto nei suoi sentimenti e si è affidato all'obbedienza...

La genitorialità è fondamentale per il bambino, ma spesso di essa è presente l'ombra negativa. Spesso si confonde per amore materno o paterno un controllo dei figli pari a quello di un contadino verso il suo bestiame: lo si nutre, si sorveglia perché non scappi, si controlla che non ci siano accoppiamenti indesiderati , si picchia se si ribella quando rivendica le sue pulsioni di una vita libera... Ci sono bambini che non hanno neppure avuto questo trattamento e nell'indifferenza totale sono caduti nell'autismo e nella schizofrenia.

Il quadro sottostante esemplifica gli effetti di una educazione negativa. "G" come al solito sta per genitore (super-io, esteropsiche, dovere) "A" sta per adulto (io, neopsiche, ragione) e "B" sta per bambino (inconscio, archeopsiche, piacere). La barra indica una rottura comunicativa.

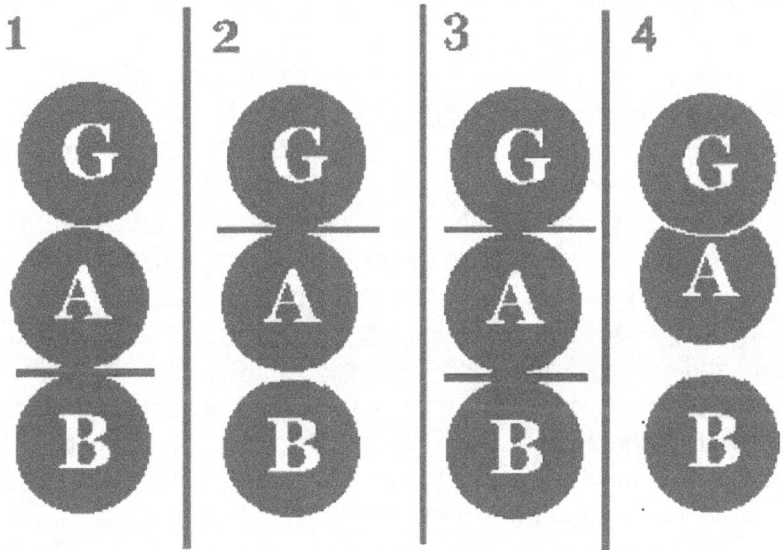

Nella prima situazione a sinistra, lo stato nevrotico è causato dalla soppressione delle pulsioni inconsce, dall'inaridimento della vita emotiva. Il soggetto per liberarsi dal senso di colpa ha escluso una parte di sé. Nel suo dialogo intrapsichico viene meno il rapporto con se stesso se non per contrastare le sue pulsioni genuine, esse sono dirottate secondo le "regole"(l'aggressività di un poliziotto contro una manifestazione di protesta, castighi dei tutori nei collegi ..). Questo tipo di coazione è tipica di estremisti in campo politico e religioso, reazionari che combattono per l'ordine e le regole, nella venerazione di una ideologia e dell'autorità.

Nella seconda è il sociale ad essere negato. Il soggetto tende ad essere distruttivo contro ogni norma e ostile ad ogni figura che gli ricorda l'autorità su cui proietta la figura genitoriale. E' l'insofferenza ad accettare qualsiasi sistema, la ribellione. Questi atteggiamenti opposti originano dalla rimozione del responsabile, ossia del genitore, inconsciamente rifiutato nella sua effettiva realtà .

Nel terzo caso l'io non ha né un confronto sociale né con l'inconscio, ambedue sono vissuti come estranei per cui si esprimono in modo dissociato, con automatismo, senza guida. L'io è alla mercede ora dell'uno ora dell'altro. E' la schizofrenia, non ci sono più transazioni e neppure differenza tra immaginazione e realtà.

Nel quarto caso l'io adulto è contaminato dal genitore. Il ragionamento non è libero ma condizionato dai pregiudizi assimilati fin dall'infanzia. Questa è la forma tipica del tipo coatto.

Prendere consapevolezza di queste realtà a livello teorico non è sufficiente; il terapeuta che non ha rivissuto i suoi drammi infantili si ritroverà disarmato, incapace di "capire" davvero cosa il paziente rievoca o "dovrebbe" rievocare. Se non si è provato uno stato psichico, e non si è risolto, non si potrà capire e tanto meno aiutare un altro a uscirne fuori. E' per questo che il training è indispensabile per il futuro terapeuta: bisogna scendere nel labirinto, come ricordava G. Jung, in cui la psicosi ed altre alterazioni possono nascondersi dietro ogni angolo; oltre c'è la conoscenza, la libertà dei sentimenti e del pensiero.

La saggezza ha un suo prezzo: la paura di dover discendere negli inferi (l' opera al nero, degli alchimisti) fa rinunciare molti, rimane l'illusione che la sola teoria è sufficiente con le sue costruzioni asettiche, ma i problemi trovano soluzione solo sulla propria pelle. Chi si prende delle responsabilità deve prendersi pure gli oneri.

La cosiddetta "coscienza" riguarda stati emotivi relazionati al senso di responsabilità, alla consapevolezza di quanto è vero e giusto. Ma non è comune sentirsi in errore verso chi dipende in certa misura da noi (genitori verso i figli, insegnanti verso gli allievi, medici verso i pazienti, avvocati e giudici verso gli imputati etc.), se ciò si verifica significa che queste persone sono davvero coscienziose, non più automi che ricalcano i copioni della loro infanzia, ma esseri consapevoli che hanno fatto luce dentro di sé e non vogliono ripetere gli sbagli che hanno subito. L'intelligenza e la carica affettiva, in questo modo, possono essere liberi di esprimersi per una vita ricca e significativa, quella vita che i tipi coatti possono solo fingere con comportamenti stereotipati, mantenendo peraltro una violenza sempre pronta a scaricarsi nelle forme più diverse sui più deboli (nel ricordo inconscio della loro situazione patita). Queste persone non sono da vedersi come "nemiche" , hanno bisogno di essere condotte per mano per rivedersi, conoscersi e lasciare quei meccanismi coatti rovinosi per la loro e altrui esistenza.

L'intangibilità della figura genitoriale può sembrare perfino sacra. Il detto "Onora il padre e la madre" è assai antico, lo riprese pure il mitico Mosè da canoni precedenti, quando stilò i dieci comandamenti. Si può intendere come una norma che ha un effetto di stabilità sociale, ma se non è filtrata dal buon senso può comportare gravi danni. I più la intendono così: "Comunque siano i genitori, essi vanno rispettati ed obbediti". E qui iniziano i guai: se madri e padri che hanno torturato a livello psicologico il proprio figlio, rimproverandogli di essere un peso, di essere stato mai voluto, che lo hanno venduto al mercato della prostituzione, devono essere onorate dal figlio allora ogni etica crolla insieme al buon senso.

Il dovere di un genitore è di proteggere il figlio e di rispettarlo, se non riesce ad amarlo. Il bambino potrà avere anche la fortuna di trovare l'indispensabile amore da altre persone. Ogni genitore non è perfetto e non può pretendere di essere onorato per i propri errori, deve imparare a chiedere "scusa" ai figli, laddove capisce francamente l'errore. Se come succede nella maggioranza dei casi accanto agli sbagli dovuti alla ripetizione del proprio copione infantile, il genitore ha avuto impulsi amorevoli nei suoi confronti e ha saputo essere anche comprensivo, il bambino saprà perdonare. Il figlio ha comunque il diritto di rivoltarsi contro il genitore e denunciarlo se questo commette angherie fisiche e psicologiche su di lui, gli spetta di esprimere i suoi sentimenti negativi contro di lui, poiché se questi esistono non sono nati dal nulla ma dagli stessi errori dei genitori.

Un comune pregiudizio ritiene che per rinforzare il maschietto bisogna ricorrere a mezzi duri. In questo modo se non si fa di esso un delinquente lo si "castrerà". Non sono pochi i casi di omosessualità derivati da un'educazione paterna che "brucia" il figlio. Ecco un caso Edipico. Già da scolaretto, Marietto, tanto per dargli un nome qualsiasi, si notava per i suoi atteggiamenti femminili. Conobbi di persona la sua storia: il padre era un energumeno che quando si ubriacava picchiava la moglie ed il figlio. Quest'ultimo era terrorizzato dal padre e gli era impossibile identificarsi con la figura maschile per riconoscere la propria sessualità. La sua identità si modellava sempre più su quella materna e le botte prese dal padre, offeso nell'orgoglio, per farne un uomo, lo distaccavano irrimediabilmente da lui. Eppure il Marietto non osò mai proferire parola contro il padre, continuava ad onorarlo. Al senso comune ciò può essere ritenuto encomiabile ma lo distruggeva come distrugge ogni menzogna raccontata a se stessi. Il senso di colpa per "essere così" gli causò diversi esaurimenti negli anni successivi e forse mai lo ha sfiorato l'idea che era il padre ad averne deviato l'identità e rovinato l'esistenza. Troppo forte era la paura incubata per ribellarsi...

Si attende che sia il bambino a chiedere "scusa" , che dimostri di essere affranto dal senso di colpa per le sue "mancanze" quando dietro ci sono gli errori compiuti dai genitori. A sua volta da adulto pretenderà scuse dai suoi figli negando le proprie negligenze. Se è stato stuprato stuprerà, se ha subito angherie sfogherà sui figli e sugli altri la violenza accumulata da bambino. Ricordo un colloquio con un giovane liceale il quale mi confidò che uno dei momenti più belli della sua vita l'aveva vissuto quando sua madre gli ha chiesto scusa per averlo più volte picchiato da ragazzino, a causa dei suoi stress dovuti al cattivo rapporto col marito e con l'ambiente di lavoro. Gli spiegò che sua madre la picchiava per niente e che lei, purtroppo ha fatto lo stesso. Così facendo la madre ha ritrovato per lui il rispetto che aveva perso, liberandolo inoltre dai suoi sensi di colpa "inspiegabili". Spesso si dice che anche bambini mai picchiati sono diventati violenti, per cui ci vuole anche la mano forte per correggerli: purtroppo la violenza non è solo quella fisica delle cinghiate e delle sberle, ma può assumere le pieghe di parole e gesti minacciosi, spesso non si conosce quel che sta dietro la facciata di una famiglia. Molte famiglie nascondono odio e violenza dietro una apparenza perbenista: se i ragazzi che hanno ucciso i genitori per prenderne i soldi avessero avuto solo qualche momento di affetto sincero, difficilmente avrebbero compiuto un simile delitto. La famiglia può sembrare impeccabile ma nascondere un lager di sentimenti e gelidi gulag, anche l'indifferenza, l'assenza di ogni pulsione genuina dello spirito è violenza: un figlio "educato" solo al rispetto delle forme, non ne saprà mai nulla della dignità della vita umana, come farà a sentirsi responsabile di quanto non ha mai conosciuto?

Domanda. *Il controllo sociale, mi corregga se sbaglio, è un aspetto della genitorialità ed è anche quello che creando una norma da rispettare e punendo chi la infrange è all'origine di tanti sensi di colpa anche perchè "fissa" il colpevole in un ruolo ben definito. Quindi il detto sociologico che è il controllo sociale che crea la devianza e non la devianza a creare il controllo sociale è vero?*

Risposta. E' difficile dire dove cominci l'uno e finisca l'altro. In certi casi è verissimo quanto dice sulla tendenza sociale a creare dei ruoli anche negativi obbligando in parte la persona a continuare a recitare quel copione. Ma esistono altri casi in cui un certo tipo di controllo può risanare delle situazioni. Per esempio in alcune zone malfamate degli USA sono state fissate telecamere sensibili al movimento per cui il controllo dell'ambiente era totale. Il fatto di sentirsi sorvegliati ha indotto i cittadini a un comportamento corretto fino al punto di farli diventare un modello di buona convivenza per tutti. Insomma una buona genitorialità normativa fa bene.

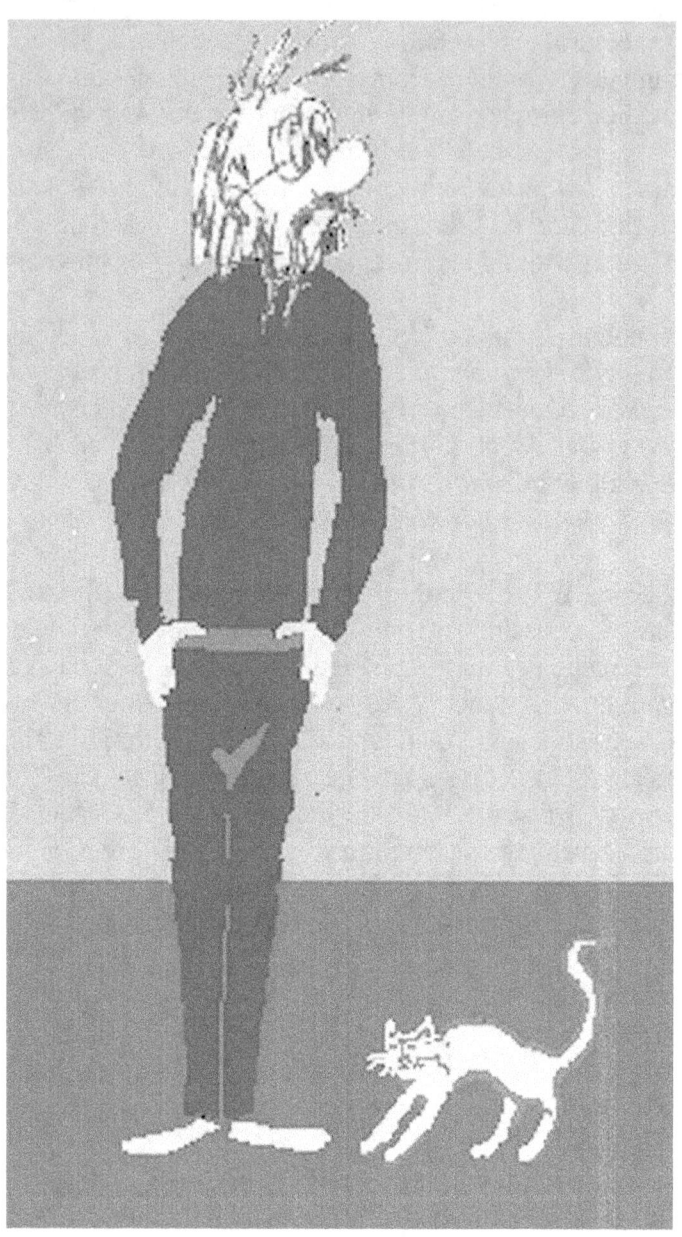

Punti di vista:
Lui: in fondo è solo una gatta.
Lei: in fondo è solo un umano.

IL MODELLO E LE PULSIONI

Il cervello umano ha una caratteristica fondamentale che lo distingue da quello degli altri mammiferi: è l'attività di astrazione, la capacità di rappresentare il mondo a cui accede mediante i sensi. La capacità degli altri primati di prevedere, pianificare strategie, organizzare informazioni e trasmetterle, è assai limitata e a breve termine. Questa è a livello evolutivo una risorsa in più, in quanto permette al sistema nervoso di elaborare i dati sensoriali fino ad andare al di là di essi ed addirittura negare la loro veridicità se, in un orizzonte più vasto di verifica, non corrispondono alla realtà. Per esempio, un miraggio: i sensi, portano ad una percezione della realtà incompleta e di fatto illusoria, che la mente corregge scoprendone il perché , insomma essa guida i sensi e non è determinata da essi. Attraverso apparecchiature sempre più sofisticate e a calcoli fisico-matematici diretti a spiegare i processi della realtà che percepiamo come oggettiva e materica, siamo arrivati a verifiche contrarie alla stessa evidenza sensoriale: il mondo è energia con tutti i suoi corpi fisici; quel che chiamiamo materia è fatto di atomi, a loro volta composti di particelle . Tra un elettrone e l'altro, o tra gli elettroni e i protoni il vuoto è enormemente superiore al pieno, quando per pieno non si intende una densità spaziale, ma "quanti" di energia. Il cervello conosce questa realtà profonda pur essendo condotto dai sensi ad una percezione spazio-temporale di corpi di varia densità e non per quanto essi sono realmente: forme dell'energia. Quel che chiamiamo uomo è in fondo energia consapevole che rappresenta la fenomenologia stessa dell'energia, ma l'informazione di base dell'esperienza sensoriale ignora questa realtà, ad essa l'uomo arriva tramite l'astrazione.

In virtù della capacità del cervello di rappresentare il mondo esso è ricomposto in un modello sempre più astratto, ma capace di interagire con le leggi fenomeniche. Tale interazione sarebbe impossibile attraverso il modello primitivo della esperienza sensoriale ereditato inconsciamente dalla specie. La fisica e la matematica hanno permesso all'uomo di avvalersi di tecnologie (che sono le loro ricadute applicative) come internet, i cellulari, i radiotelescopi, una sorta di prolungamento dei cinque sensi.

L'etologo affermerà che anche un gatto, ed ancor più una scimmia antropomorfa, hanno una loro capacità di astrazione a cominciare dalla capacità di sognare . Il sogno infatti è già un'elaborazione, per quanto inconscia, dei dati esperenziali.

Domanda) Come si fa a sapere se un animale sogna?

Risposta) Sperimentalmente si possono seguire le fasi in cui un corpo animale è a riposo attraverso l'esame delle onde emesse dal cervello. Parallelamente al cambiamento di frequenza ci sono i segnali corporei. E' sogno quando le pupille sembrano inseguire una scena, ciò può essere accompagnato da movimenti più o meno accennati del corpo e del muso o da rantoli.

Proseguiamo. In tutti i mammiferi le esperienze sono un archivio dati che ritornano come ricordi validi per ulteriori usi, oltreché nell'attività onirica. Poiché le esperienze sono associate a cariche emotive di piacere e dolore, in modo più o meno intenso, il meccanismo istintivo è quello di ricercare di riprodurre le prime ed evitare le seconde. A tal fine al cervello occorre rielaborare i dati servendosi della capacità di astrazione. E' questa una capacità rara e raffinata in natura. Già tra un babbuino e uno scimpanzé le differenze saltano all'occhio.

Uno scimpanzé guardandosi allo specchio si riconosce, si indica e si tocca, mentre un babbuino lo assale dimostrando di non avere sufficiente capacità per elaborare la rappresentazione immediata. Se la consapevolezza di se stessi è fondamentale per ulteriori operazioni intellettuali, fino a prova contraria, nessun animale eccetto l'uomo possiede in modo sufficientemente articolato la capacità di creare modelli astratti per trasformarsi e trasformare la realtà che lo circonda: solo l'adeguato sviluppo dell'area di Broca, ossia quella pertinente al linguaggio lo rende possibile. Attraverso l'attività pensante, l'uomo crea una mappa di tutto quel che è percepito dai suoi sensi e lo sistema in modo logico, comunicabile e interattivo con il mondo stesso: la spiegazione delle cose gli permette di non essere passivo di fronte ad esse, può modificarle e trasmettere ad altri (o ricevere da altri) l'acquisizione di nuove esperienze. Ogni uomo attraverso un linguaggio articolato scambia con gli altri il suo modello del mondo, lo arricchisce e soprattutto lo tramanda. La sensatezza del modello è intuitiva e oltrepassa un particolare idioma, la sua struttura è un "metamodello", così chiamato dalla neurolinguistica.

Il linguaggio è la rappresentazione della rappresentazione della realtà.

Nel cervello esistono già le raffigurazioni delle cose, in ricordi di immagini, odori, suoni… e lo stesso cervello dà loro un nome, li rappresenta con dei segni convenzionali, parole e segni grafici, inoltre ha un sistema intuitivo di come sistemare le parole e le frasi affinché siano considerate vere ed adeguate alla realtà, da se stesso ed dagli altri suoi simili. Gli scienziati neurolinguisti hanno individuato che dagli "errori" (mancanze o deformazioni) della struttura, derivano le più disparate patologie psichiche. Il cervello umano continua consapevolmente ad elaborare le sue rappresentazioni della realtà, astraendosi dall'immediatezza sensoriale mentre un animale non ha questa mediazione così articolata, esso vive in diretto contatto con il suo istinto e le percezioni corporee. In ogni essere umano la base pulsionale è costretta "a fare i conti" con la sua visione del mondo, con la sua capacità di astrazione e giudizio. Il processo di inibizione o freno degli impulsi secondari (sessualità e aggressività) ed in parte di quelli primari (la fame e la sete) può essere controllato dalla volontà consapevolmente (procrastinare il piacere per un utile) . Questa capacità a cui si arriva solo mediante un modello astratto ha permesso la civilizzazione, ma dietro essa rimane la base istintuale o biopsiche: è quel che Freud chiamava "es", la parte primitiva, inconscia della personalità determinata dall'istinto e dalle pulsioni.

Tra i problemi psicologici che si incontrano più spesso c'è quello del rapporto tra l'io ed i propri istinti, ovvero di come si relaziona la "propria" visione del mondo con le "proprie" pulsioni, talvolta in modo conflittuale. L'obiettivo di ogni aiuto pedagogico e psicologico è quello di far vivere all'individuo armonicamente e pienamente la sua vita, sentita, pensata e vissuta nell'espressione completa e libera dell'energia corporea .

Sia le pulsioni inconsce (con le diverse modalità di esprimersi) sia il modello psichico che l'individuo ha del mondo, sono il miglior adattamento possibile trovato nell'interazione con l'ambiente (il primo dalla specie ed il secondo dall'individuo stesso); non per questo è il più soddisfacente in senso assoluto, ma relativamente all'individuo il quale lo ha realizzato facendo uso più o meno appropriato delle sue esperienze. Per questo un comportamento (e quindi anche la struttura linguistica) a tutti gli effetti fallimentare , all'interno dell'individuo ha comunque la sua logica, la quale, una volta corretta in base alla realtà, gli aprirà un ventaglio di risorse e scelte realizzabili prima sconosciute.

PULSIONI PRIMARIE SECONDARIE E TERZIARIE

L'energia posseduta da un corpo si manifesta in pulsioni. In certi casi il suo potenziale può essere concentrato in un impulso: una gatta madre assale un cane lupo per difendere il suo cucciolo, e la tensione aggressiva è tale da far soccombere un nemico normalmente ben più forte. Le pulsioni servono alla sopravvivenza dell'individuo e della specie: per l'uomo si tratta non solo di esprimerle ma di conoscerle e di valutare il loro impiego per fini più complessi di quelli che qualsiasi altro animale può richiedere dal suo ambiente.

Le pulsioni primarie sono quelle che permettono la sopravvivenza dell'individuo. Il respirare, il mangiare, il bere, il dormire, il defecare, l'orinare sono attività naturali predisposte geneticamente che comportano sofferenza quando sono impedite e piacere appena vengono soddisfatte. Per quanto alcune di esse tendano ad un oggetto (il cibo, l'acqua) fanno tutte parte del processo metabolico (anabolico e catabolico) per assimilare ed eliminare le sostanze di cui necessita il corpo: esso si eccita per soddisfare la sua esigenza (di ossigeno, di cibo...) e si placa quando ha raggiunto lo scopo. Dalla cellula all'organismo tutto, questo processo regola inconsciamente le necessità del corpo.

Domanda) C'è una relazione tra processi metabolici e comportamenti psicologici? Mi spiego. Se uno ha tanta rabbia folle da voler distruggere quanto gli capita, c'è una base biologica in tutto questo?

Risposta) Certe rabbie, come dice lei, folli sono derivate anche da scompensi chimici dovuti anche alla mancanza di certe sostanze. C'è sempre una base biologica nei comportamenti, pensi alla funzione dell'adrenalina nella reazioni di attacco e di fuga. Per quanto se ne sa le pulsioni distruttive sono prolungamenti esterni del processo catabolico, ossia di eliminazione delle sostanze di scarto o dannose. Per rendersi conto dell'importanza del processo, basti pensare che se una cellula, finito il suo compito, non recepisce il messaggio chimico di autodistruzione diventa tumorale. Quindi il "disfacimento" fa parte dell'equilibrio. Il bisogno di fare pulizia ed ordine in casa (ovviamente non maniacale) eliminando il superfluo o il semplice portare nel bidone dell'immondizia il sacchetto della spazzatura è un meccanismo catabolico espresso esteriormente nell'ambiente. Freud analizzando gli impulsi di morte aveva in mente le devianze sadomasochistiche, ma in sé questo impulso, è già impiegato positivamente dall'inconscio e può essere pilotato in modo armonico anche all'esterno. A livello metaforico non si dice che bisognerebbe levare il marcio dalla società intendendo quel complesso di imbrogli, malaffare, parassitismo, prepotenze e privilegi? Come saprà esistono anche antiche teorie che relazionano ogni attività fisica biologica e sociale ad un organismo unico, sicuramente, a parer mio, non prive di qualche verità importante.

Abbiamo prima parlato di pulsioni primarie, esse permettono la conservazione dell'individuo, quelle secondarie, invece, riguardano la sopravvivenza della specie: l'impulso sessuale è il più evidente ma con esso una vasta costellazione di impulsi comuni a tutti gli animali, dall'istinto di fuga e di attacco (aggressività) legato spesso a quello del territorio, al posto gerarchico nel branco, alla difesa della prole... A livello umano queste pulsioni secondarie trovano una continuità evoluta con quelle terziarie (arte, civismo e fede) solo accennate negli animali. La cura del territorio e l'ornamento della tana (o del nido) non sono poi così rari in natura ed in certe specie acquistano caratteri evidenti; ci sono uccelli che decorano il nido con gusto, utilizzando qualsiasi cosa brilli come corazze di scarabei dorati, in Australia ce né uno che utilizza solo decorazioni di colore blu, è un' attività non fine a se stessa ma serve ad attrarre le femmine, comunque anche le danze rituali prima dell'accoppiamento e l'esibizione delle piume fanno trapelare un abbozzo di quanto si intende per senso estetico, del bello o dell'arte. L'aspetto sociale con le sue gerarchie presente in molti mammiferi superiori, segue regole basate sulla forza e sulla saggezza (maggiore esperienza), ci sono regole precise che non devono essere infrante, nessun lupo, per esempio, azzannerebbe l'avversario alla gola se questo glielo mostrasse in segno di sottomissione. Negli uomini il senso civico (l'interesse comune del branco) si articola in modo assai complesso fino al sacrifico dell'individuo per il gruppo (patria od ideologia), ma anche tra i mammiferi superiori il sacrificio per il branco o per la prole non è infrequente. Nei gruppi di insetti organizzati come le termiti o le formiche il sacrificio del singolo per il gruppo è vita quotidiana. La differenza con l'uomo c'è, eccome, ed è qualitativa poiché solo l'uomo ha un modello del mondo consapevole: non a caso l'uomo è "sapiens sapiens" (sa di sapere). Nonostante ciò giova cercare quella continuità che permette di capire il fondo "biologico" del comportamento umano. Non si indaga in questa direzione anche perché l'uomo è la specie dominante sul pianeta che si ciba e si serve degli altri animali, accettare di condividere con essi istinti e paure, emozioni e sentimenti, oltre in varia misura anche certe qualità intellettive, non fa parte della logica produttiva del mercato. Per questo mondo consumistico meglio essere famigliari con le bestie solo a tavola discutendo sul gusto delle carni.

Tra gli animali I cambiamenti, gli adattamenti e le trasmissioni culturali procedono con lentezza tanto da passare spesso inosservati quando avvengono. Eppure in caso di necessità gli animali adottano schemi nuovi di comportamento: l'ingegno di uno sarà ripreso dagli altri, per pura imitazione. E' il caso del cambiamento dell'apertura del nido con uscita inferiore adattata dai pappagalli esotici dell'isola madre a Stresa per rimediare alle piogge insistenti, oppure del lavaggio delle patate con l'acqua marina dalle comunità di macachi giapponesi. Ma oltre a soluzioni nuove è fondamentale il legame di gruppo, dallo spulciarsi vicendevole dei primati all'accudirsi reciproco degli elefanti. L'istinto di sopravvivenza sta dunque alla base di strategie più raffinate per gestire il gruppo, a emozioni di legame che nell'uomo si sublimano nel senso di giustizia e del benessere per la vita sociale di tutti, il senso civico appunto.

Consideriamo ora la pulsione terziaria della fede e non si intende con essa una religione, bensì la percezione di un valore, di una realtà che da senso e unione alla vita, capace di oltrepassare le contingenze e la morte stessa: é un bisogno esistenziale prima di ogni credenza. Spesso, in modo errato si confonde la fede con emozioni comuni ai mammiferi. E 'animale la fiducia data al capobranco (nell'uomo un leader politico e religioso), alla forza dell'insieme nel territorio, o del cucciolo alla madre (nell'uomo si proietta in divinità antropomorfiche femminili e maschili). Capi carismatici, gerarchie e patrie territoriali stanno ancora nel comune sentire animale.

Dove comincia la fede verso l'invisibile, verso ciò che va oltre la morte può difficilmente essere documentato in natura. Si sa che gli elefanti quando trovano i resti di un compagno morto o di un qualsiasi altro elefante fermano il loro cammino, annusano le spoglie e sembrano silenziosamente interrogarsi tra loro. Famoso è il racconto filmato di un etologo che descrive la madre di un elefantino morto mentre raccoglieva ordinatamente le sue ossa presso un cespuglio ogni volta che passava in quel luogo durante le migrazioni. Il senso della morte, quasi l'aver capito che la mancanza di valori più grandi come l'amore, non rende la pena di vivere, può anche essere individuato nello stato di inedia, fino al suicidio di delfini ed orche in cattività, dopo il decesso del compagno. La consapevolezza della morte è anche presa di coscienza della caducità delle cose e della vita. Il passo successivo è il senso simmetricamente opposto dell'eternità, ossia la fede in quanto sta oltre il divenire, la vita e la morte. Il bisogno di affidarsi a qualcosa che vada al di là del proprio essere singolo è fondamentale nell'uomo. Non necessariamente questa esigenza diventa fede nella trascendenza o in Dio a volte limitandosi ad assolutizzare il valore della scienza, del progresso, dell'umanità stessa, e questo è comunque sempre meglio che fermarsi alla fede primitiva nel capo, nel partito, nella squadra, nel gruppo sportivo bocciofilo sottocasa.

Un'ultima considerazione va fatta ricollegandoci a quanto già detto sul linguaggio. La capacità del cervello di astrazione comporta la simbolizzazione dei dati percepiti. Non solo ogni fenomeno (un oggetto, ma anche un sentito interiore quale può essere un istinto) è contrassegnato da una parola, ma è rivestito di significati. Nella storia umana gli impulsi non sono stati vissuti con l'immediatezza di tutti gli altri animali. Per il processo di deformazione ben conosciuto dai neurolinguisti, gli impulsi sessuali o dell'aggressività in talune ideologie sono stati investiti di valore negativo e simbolizzati perfino come realtà diaboliche. In altri termini l'uomo altera il rapporto con le sue pulsioni attraverso la cultura e non sempre in buoni modi.

Domanda) Può precisare?

Risposta) Il modello linguistico e quello esistenziale sono strettamente connessi. Pur essendoci un mondo empirico ed un linguaggio comune a tutti (non solo un idioma nativo ma la struttura stessa del linguaggio) ogni individuo ha un modello personalizzato linguistico esistenziale frutto delle sue interazioni con l'ambiente. Rapporti sempre variabili per via del "modo" in cui il soggetto reagisce all'esperienza, dalla significatività che essa assume per lui sia per l'associazione con le esperienze passate, sia per il suo temperamento dato dalla individuazione genetica. Un esempio aiuterà a familiarizzarsi con quel che sto dicendo: Tutti sanno qual è il significato della parola "mela" e hanno ben presente le caratteristiche del frutto. Eppure una parola così comune può evocare nei soggetti associazioni estremamente diverse, dal disgusto per essa dopo una indigestione a ricordi idilliaci dell'infanzia nella casetta di campagna: mi ricordo di Gino (il nome è inventato ovviamente), uno studente universitario con la fobia delle mele, sentendo la parola "mela" mostrava segni di evidente angoscia. Egli sa benissimo cosa è una mela, ma il suo cervello la associa ad esperienze emotive traumatiche rimosse..." Se una parola apparentemente insignificante come mela può essere così importante per tutto un modello esistenziale a maggior ragione gli altri termini che si riferiscono alle pulsioni (sessuali e aggressive soprattutto) essendo fortemente caricati di associazioni morali ed esperenziali, insomma a fattori di condizionamento, coazioni, frustrazioni, fobie .

Quando una realtà naturale è sentita come estranea si ha una scissione della personalità, quindi una schizofrenia nel peggiore dei casi. Il sesso è la cosa più naturale del mondo eppure c'è chi lo vive con apprensioni ingiustificate. Perfino la fame nel caso dell'anoressia. Le pulsioni tutte, primarie, secondarie e terziarie sono umane realtà e resta all'analisi verificare se il modello è in armonia o in conflitto con esse, se l'elaborazione intellettuale è bene o male formata. L'educazione può plagiare l'individuo e la collettività fino a dissociarla dal quadro reale delle cose. Un alterato modello con credenze illusorie e pregiudizi infatti può essere condiviso più o meno estesamente: i fanatismi ideologici di ogni tipo, da quelli materialistici a quelli spiritualistici, hanno causato morte e sofferenza più delle epidemie. Eppure conoscendo qualunque individuo con dette alterazioni si comprende che il suo modello è la migliore risposta che ha saputo elaborare in base alle sue esperienze, appena esso si rende conto del limite in cui è sempre vissuto, la sua risposta modifica il modello e l'oggetto delle sue pulsioni aggressive aprendosi a nuove possibilità di senso della vita.

La valutazione delle devianze non è d'ordine morale ma conoscitivo. Non si può liberare l'essere umano, con gli stereotipi dei modelli ideologici, ma con la conoscenza della vita stessa e dei suoi processi. L'unico modello che regge al confronto con la realtà è per natura dinamico ed evolutivo, nella verifica costante dell'esperienza e delle scelte possibili. L'uomo per riscoprire l'armonia di tutto il suo essere, pulsionale ed intellettuale, ha bisogno solo di verità e di amore. Non c'è altro mezzo né altro fine, così credo.

Domanda: E chi manca di fede? Se c'è una radice biologica della fede dove si attiva?

Risposta: Nella fiducia del figlio verso la madre c'è una ricchezza di sicurezza, di appagamento interiore, di sentimenti di accettazione che, secondo la ricerca bioenergetica, inizia già nel ventre materno. Se il bambino si sente rifiutato e non riceve quella carica affettiva a cui ha diritto, perde la fiducia verso la vita (e la madre è per lui la vita). La tensione delle piante verso la luce, un bisogno che se non viene appagato le porta a crescere male, non è neppure una metafora in quanto nel dna umano si ritrovano quegli stessi geni nel sistema neurovegetativo. L'affettività della madre per il figlio è luce e calore, se questa carica di energia viene garantita nel rapporto tra i due, il bambino acquista fiducia, sente la vita generosa, significativa, avrà percezioni di felicità, di apertura verso la vita tutta (il termine compassione significa appunto questo, non pietà, ma comprendere emotivamente, abbracciare la vita). Il processo di individuazione e di indipendenza del figlio verso la madre non significa perdita di quei sentimenti ma la loro trasformazione evoluta, per un agire libero e capace di prendersi quanto di legittimo si vuole. La fede (quindi la fiducia che ne è alla base) è proprio quanto manca agli schizoidi, ai depressi e all'opposto è quanto caratterizza i mistici, ossia chi ha una sensibilità e una partecipazione al vivente straordinaria. Essi sanno caricarsi istintivamente con gli altri e con la natura e sanno caricare e motivare il prossimo. C'è un nucleo di personalità centrale in ogni essere, come linfa dell'albero della vita, frutto della saggezza evolutiva, o se si vuole di una coscienza inscritta dal divino come dicono le religioni (o tutte due le cose insieme per chi sa elevarsi oltre gli apparenti percorsi) a cui bisogna accedere. Questo nucleo è naturalmente intriso di fede, recettivo, aperto a tutta la vita, a tutto l'universo e al suo Senso. E, in termini di bioenergetici, non può non essere così poiché ogni essere è parte integrante di quanto lo circonda, di quanto è stato e sarà.

Le suggerisco, per approfondire la questione della "mancanza di fede", oltre i testi di Lowen, quello di Marchino e di Mizrahil "il corpo non mente" ed Frassinelli.

Il marcamento dei confini è un fatto istintuale, gli animali si servono di segnali odorosi, graffi e orina, gli esseri umani di mura e filo spinato. Le bestie lo difendono con i denti o a beccate gli uomini con mitragliatrici, carri armati e bombe. La patria è la sublimazione di questo istinto mentre la ragione e le pulsioni terziarie, arte fede e civismo, ne sono libere. In altri termini la verità, la cosa bella e giusta è universale, patrimonio dell'umanità.

CORPO E PSICHE

Era un pomeriggio d'estate quando, armato di macchina fotografica, mi recai in moto al termine della strada che conduce ad uno dei forti che circondano Genova, alcuni di loro restaurati altri ancora ridotti in ruderi, un tempo sorvegliavano la città come sentinelle sui monti, avrebbero dovuto essere collegati tra loro da una cinta muraria, la più esterna, ma il costo del progetto, per i genovesi, era troppo oneroso per cui, rinvio dopo rinvio, la realizzazione diventò obsoleta per via delle nuove tecnologie militari. Mi arrampicai sul crinale, con il casco in mano, e mi veniva da riflettere su come l'uomo abbia sempre cercato di difendere il suo territorio con palizzate e mura e il suo corpo con armature. Tutti questi sforzi per proteggersi derivavano dal suo timore di essere leso dall'ambiente esterno: una corazza e una barriera rimediavano al senso di inadeguatezza e di debolezza , fino al punto che l'uomo finiva per identificarsi ed inorgoglirsi di questa "sovrastruttura" artificiale: in realtà, castelli e fortezze sono frutto della paura, del senso di impotenza. Proseguii il mio cammino: non c'era anima viva, per cui lasciai il casco alle pendici dell'erta, arrivato in cima cominciai a fotografare, pensando all'articolo che avevo in commissione quando vidi in fondo un signore, intento a raccogliere il mio casco. Mi sbracciai e gli urlai per fargli capire che era mio: lui mi fece cenno con un ampio cenno di braccia di aver capito. Ritrovai quest'uomo in fondo al sentiero e proseguimmo insieme. Quando passammo in mezzo a dei rovi mi disse che doveva stare attento a non ferirsi le gambe con le spine: la sua psoriasi, nonostante la cura di cortisonici, si stava aggravando, il rossore e le croste avevano completamente coperto gli arti inferiori. "E ' difficile a credersi, ma me la sono trovata addosso all'improvviso", mi disse e mi raccontò la vicenda: era in vespa sull'autostrada ormai vicino al casello quando cominciò a piovigginare, davanti a lui c'era un tir che rallentava per cui cambiò marcia per superarlo, ma perse il controllo del mezzo: si ritrovò a slittare sull'asfalto viscido per una ventina di metri mentre a pochi centimetri a destra, vedeva le ruote enormi del tir procedere rumorose, secondi interminabili, nel terrore di vedersi spappolato sotto, ma andò liscia. Si rialzò illeso, solo qualche bottone del giubbotto era saltato e qualche ammaccatura alla vespa. Arrivato a casa si fece un bagno e cenò con sua moglie, come aveva sempre fatto. Televisione e a letto: mentre si metteva il pigiama con sorpresa vide che le sue gambe erano diventate rosse come peperoni...

Nel caso narrato, le reazioni chimiche scatenate dallo spavento sono state la base eziologica (seppur di concausa) della psoriasi. In altri termini: un evento emotivo è diventato lesivo a livello somatico. Ordinariamente, comunque, le emozioni si esprimano nel corpo: il rossore determinato dalla vergogna , i capelli che si rizzano o la pelle che si accappona per la paura, la pupilla che si contrae o si dilata in rapporto a sensazioni spiacevoli o piacevoli... Ma tutto il corpo segnala l'attività psichica nella gestualità (della postura, degli occhi, delle labbra, delle mani...) per cui ad uno sguardo esperto non è difficile risalire, dall'espressione alle condizioni psicofisiche. Il corpo si piega, si indurisce come a corazzarsi a difesa del mondo esterno, talvolta si ferisce. Si sa come l'isteria abbia tra i suoi effetti l'ulcerazione, piaghe che compaiono improvvisamente in concomitanza dell'acme dell'alterazione. Reich e Lowen, soprattutto, hanno riconsiderato l'importanza in psicoterapia del linguaggio bioenergetico del corpo: corpo e psiche stanno tra loro in una relazione inscindibile.

Prima di proseguire è bene ricordare come l'uomo sia determinato da tre agenti: l'ambiente, la volontà, la genetica, più un quarto che incide in modo non misurabile in quanto non materiale: l'inconscio collettivo, ma più semplicemente l'anima (come la legge fisica sta sopra il fenomeno così la legge psichica) . I tre fattori si condizionano a vicenda , corresponsabili dell'umano agire. Riprendo a modo mio per l'ennesima volta l'esempio di Lucher, lo psicologo svizzero famoso per il test dei colori: c'è la bicicletta (l'aspetto genetico) la strada (l'ambiente) e chi pedala (la volontà). Ci sono robuste mountain bike, biciclette da corsa, tricicli, e pure biciclette rotte che non possono muoversi. Ci sono strade in salita, in discesa o impervie. Ci sono corridori allenati con una ferrea autodisciplina ed altri insofferenti alla fatica. Ma strada ,bicicletta e ciclista rappresentano un sistema vitale. La psicoterapia e la psichiatria hanno concentrato l'attenzione ora sull'uno ora sull'altro aspetto secondo le scuole ed i tempi. Forse oggi non si dà la dovuta attenzione all'incidenza della volontà sulla realtà psichica. Eppure molte patologie psichiche sono il frutto di una scelta volontaria (perfino la schizofrenia!); certamente i distinguo vanno sempre fatti: un bambino che fin dalla nascita è privato di affetto ed attenzione (ambiente negativo) ha davanti a sé più facilmente la schizofrenia, piuttosto di un altro curato e seguito con amore. La conformazione genetica a sua volta può essere determinante, non tanto per via del più o meno fantomatico gene della follia, ma della strutturazione nervosa e cerebrale. Pur tenendo presente questa complessità resta il fatto che la "voluta" alterazione comportamentale e la somatizzazione di malattie trovano una ragguardevole casistica in psicoterapia. Lo psichiatra americano William Glasser, propagatore del positive-addiction (comunemente tradotto con il "pensiero positivo") ha portato diversi esempi tratti dalla sua esperienza psichiatrica sulla importanza della libera scelta nel diventare matti o malati. Cominciò dapprima a constatare in se stesso come un suo mal di testa fosse dovuto ad un atteggiamento negativo: risolto questo risolto pure il dolore. (1)

Molière con il suo "malato immaginario" descrisse una tipologia che i medici ben conoscono: perché alcune persone si inventano dei sintomi di malesseri in realtà inesistenti? E' un modo per giustificarsi, per dire a se stessi e agli altri: "Se sono limitato nell'agire c'è un motivo, per cui aiutatemi!", è un modo per deresponsabilizzarsi, per attirare l'attenzione, per evitare di affrontare la realtà. Purtroppo, spesso, non finisce tutto in semplici sintomi immaginari: nell'elenco delle malattie psicosomatiche si inscrivono pure cecità, paralisi nervose, ulcere e tumori. In senso generale ogni malattia, pur non determinata direttamente dalla psiche, trova in quest'ultima un fattore condizionante. Solo ora si riesce a far luce sul meccanismo biologico che lega il sistema nervoso e quello immunitario ma già negli anni 90 si poteva dire che :

"Le vie di connessione tra i due sistemi (...) non mancano e possono essere dirette ed indirette. Delle prime fanno parte fibre nervose che dal cervello -corteccia e nuclei del sistema limbico coinvolti nelle emozioni-arrivano al timo e si mettono in contatto

con le sue cellule, i linfociti, trasmettendo loro informazioni nervose. Le seconde, quelle indirette, sono ancora più duttili e fanno parte del cosiddetto sistema neurosecretorio, un insieme di cellule nervose che elaborano certi peptidi(...) tra i neuropeptidi(...) la colecistochinina, la sostanza P,le endorfine, lke enkefaline,e il VIP, il peptide vasointestinale, hanno un ruolo importante sulle cellule linfocitarie(...essi) possono eccitare o inibire le cellule NK e provocare una risposta immunitaria valida o una immunodepressione..." (2).

Per dare l'idea del complesso meccanismo chimico e nervoso consideriamo il cervello atto a riprodurre l'immagine degli eventi infettivi e degenerativi che avvengono nel corpo e rispondere a suo modo coinvolgendo l'attività psichica superiore. Nelle neuroscienze è nata quindi la "psico-neuro-immunologia" , disciplina scientificamente nuova ma il cui contenuto era già ben presente in antichi trattati medievali sufi e nella stessa saggezza popolare del "mens sana in corpore sano". L'antica terapia aiutava la risposta immunologica partendo dal ristabilimento dell'equilibrio psichico attraverso l'uso dei colori e della musica: a questo proposito, rimando agli studi competenti del dott. Gabriele Mandel, del dott. Maurizio Cusani e del dott. Rossano Vitali.

Dal punto di vista della psicologia del profondo, le vicende dell'io nel corso della sua vita, sono comprese nel Sé, benessere e malattia non rientrano nella casualità, ma nell'orizzonte dei significati. Il simbolismo della croce può aiutarci a comprendere: il sé rappresenta il centro, il piano orizzontale la manifestazione esistenziale ed il piano verticale lo stato del sé in rapporto alla universalità. Come a dire: ogni sé è nel Sé, ogni esistenza è nell'Esistenza: si ha, dunque, una sincronicità degli eventi tra l'essere ed il suo manifestarsi. Tutto quanto definiamo disordine, malattia o alterazione in realtà ristabilisce un equilibrio generale, ma al di là di una facile metafisica pronta a impacchettare la verità in qualche concetto, è nell'esperienza di ogni psicoterapeuta, constatare come la guarigione avvenga nella riscoperta di se stessi, nel ritrovare la trama significativa della propria vita non tanto sul piano razionale, ma del sentire. Non è una spiegazione logica a ristabilire l'equilibrio, ma la scoperta della propria umanità davanti al Sé, così la pulsione della fede svolge la sua naturale funzione ricollegando quell'io che invano si costruisce su dati esterni, con una percezione intima della realtà. Le cosiddette guarigioni miracolose possono nascere da cambiamenti di rotta capaci di ridare positività e fiducia al proprio essere, l'energia prima bloccata da un atteggiamento negativo si rende disponibile con effetti apparentemente straordinari. La risposta nervosa e chimica della psiche ai messaggi del corpo, in certe situazioni, diventa più che mai efficace: prima di essere vista al microscopio, va vista nella dinamica della vita.

I meccanismi biologici della guarigione esistono in tutti i viventi. Gli esperimenti di laboratorio dimostrano come gli animali sottratti allo stress guariscono più facilmente di quelli che continuano a subirlo e che l'elemento affettivo (ogni mammifero essendo dotato di un sistema limbico prova emozioni) risulta determinante; oltre questo, l'uomo risponde a fattori che dipendono dallo sviluppo della corteccia cerebrale, da una consapevolezza che richiede senso alla vita, del soddisfacimento delle pulsioni terziarie, giustizia e bellezza, ma soprattutto fede. Alla luce di questo, anche l'azione di un ormone polipeptide , l'IL-1, diventa parte di un meccanismo meraviglioso . (3)

Il processo di guarigione mette in atto una serie di meccanismi riparatori in cui l'io cosciente sembra essere estraneo ma è invece una parte attiva. La parte visibile (conscia) dell'iceberg è un tutt'uno con quella immersa. La capacità di lottare di fronte a una malattia è in relazione soprattutto alle motivazioni e agli stimoli ambientali, ci deve essere insomma un"interesse" a vivere. L'istinto di sopravvivenza nell'uomo è condizionato da complesse reazioni personali. La malattia può essere un momento per ritrovarsi e riscoprirsi, non più un rifugio od una pena da espiare (quest'ultima nata da sensi di colpa autolesionisti). La motivazione a vivere e a guarire può essere aiutata anche da infermiere attraenti e carine, da un luogo di cura gradevole dal punto di vista architettonico in una ambientazione naturale, da medici ricchi di umanità oltreché di competenza, ma in ultima analisi è la risposta personale che conta: chi ha un atteggiamento positivo, chi ha fede, trova perfino nelle condizioni peggiori uno stimolo uguale e contrario, nella propria immaginazione non è mai sconfitto, trova sempre una possibilità, una via, resiste alla malattia, alla prigionia, alla cattività, amplificando le sue risorse. Ho cari amici che hanno passato vicende nella loro vita da buttar giù chiunque nella sfiducia, nella depressione se non sull'orlo del suicidio, ma invece ne sono usciti con rinnovata energia ed impegno. Proprio perché consapevoli di essere parti di una forza e di un senso che li trascende, l'aver passato i più angusti tunnel della vita non li ha portati a sentirsi superiori, ma a riscoprire con umiltà una realtà evolutiva praticamente illimitata. Vincere è accorgersi che la vita è sempre tutta da scoprire. Anziché irrigidirsi, reazione comune agli eventi negativi, si sono ancor più aperti: persone che amano e si lasciano amare.

Ma anche l'opposto, ossia l'odio e la vendetta, lo stimolo di non lasciarla "vinta" a nessuno, può costituire una motivazione sufficiente a voler vivere e guarire. In questo caso quando l'oggetto significativo non è più presente, l'individuo perde con esso interesse e forza. Solo ritrovando in sé il senso della vita l'energia rimane a disposizione e diventa esperienza, senso che non si può copiare da nessuno, che non si sorregge su alcuna specifica ideologia o credenza.

Seppure il fanatismo sembri dare tanta patetica forza rimane un moto alienato destinato ad essere autodistruttivo. Ci sono persone che si appoggiano in modo fondamentalista ed infantile alla religione, ad una ideologia politica, alla magia traendo da ciò una parvenza di ragione alla loro azione, ma queste "stampelle" evidenziano l'handicap: una persona che "cammina con le sue gambe" rifiuta naturalmente le lusinghe del mondo magico e dell'estremismo politico e religioso, non soggiace alla suggestione e all'illusione. Per sostenere questo atteggiamento negativo è necessario ingannare se stessi, volere mantenere l'errore anche quando la realtà smentisce le proprie credenze. O la ragione (l'io adulto) si adegua ai fatti o li manipola per mantenere la falsità di una visione infantile o di dogmatiche genitorialità. La scelta rende responsabili. Chi opta per l'inganno si sforza di mantenerlo, di identificarsi sempre più con l'oggetto del suo credo senza sentire ragioni. Il fanatico ha rinunciato ad essere se stesso, dipende dal suo culto ideologico come da una droga: egli è la religione, la patria, la tradizione, il partito, la verità...

Diverso dal fanatismo religioso ed ideologico è il fideismo popolare: l'affidarsi all'immaginario ed al meraviglioso della religione, può nella malattia garantire l'effetto placebo ed in certi casi la guarigione in eventi dalle sembianze miracolose. Le figure di santi, di spiriti, di divinità pertinenti alla religione d'appartenenza intervengono nell'immaginazione del paziente liberando l'energia capace di guarire. Quanto è considerato miracolo si inserisce nelle dinamiche delle leggi fisiche naturali: non c'è nulla di soprannaturale, tutto avviene nella complessa interattività psico-fisica. L'apparizione di un santo o di una divinità, preludio dell'evento risanatore, fa parte di un fenomeno rintracciabile antropologicamente in tutta la storia umana. Nel cervello avviene un momentaneo stato dissociativo che libera dall'inconscio le energie illimitate di cui dispone facendo scatenare le reazioni chimiche di cui si è parlato. Ovviamente sono esperienze che solo quando vengono integrate nel sé o quando rientrano in un contesto culturale adeguato, non diventano lesive per il soggetto.

Il medico e lo psicoterapeuta si possono trovare nelle condizioni di un antico sciamano a cui si chiede il recupero della salute. Seppure il contesto culturale in cui viviamo sia ben diverso da quello arcaico, esiste una continuità evolutiva. Nella malattia (pure un semplice ma forte raffreddore) l'individuo si sente debole, in difficoltà, bisognoso di aiuto come un bambino, in questo stato regressivo momentaneo è facile che il paziente proietti nel suo medico le sue ansie e le sue speranze, egli vive una situazione emotiva favorevole per una efficace azione psicologica. Le tecniche del sogno da svegli guidato (Desoille) o fondate sulla suggestione della parola (Emerson) riescono a creare gli stati abreativi che permettono il cambiamento risanante. Le varianti tecniche adottabili spaziano dalla teatralizzazione (Moreno) a contestualizzazioni esistenziali (Pearls) e comportamentali (Skinner).

Lo strumento chiave con cui si opera è la suggestione, quella stessa usata dallo sciamano su chi gli chiedeva aiuto per recuperare la salute. lo sciamano induceva quegli stati estatici che vediamo ripetersi ancor oggi nelle guarigioni "miracolose" : guarire significava andare in cerca dell'anima catturata dai demoni o dagli spiriti (complessi, fobie, traumi, devianze...) e liberarla.

Una sera avevo seguito per televisione un collega, docente di storia delle religioni a Roma (di cui non faccio il nome, ma quanto riporto è stato diffuso pubblicamente) mentre raccontava questa sua singolare esperienza: in un villaggio sud americano un vecchio era entrato in coma, nonostante lui ed un medico presente avessero riscontrato l'irreversibilità dello stato, i parenti chiesero aiuto ad uno sciamano. Arrivato al villaggio, questo ultimo cominciò a inscenare un rito per andare alla ricerca dell'anima del vecchio. Ormai in trance lo sciamano mimava la lotta con gli spiriti per sottrarre loro quella anima, quando riuscì a prenderla cadde sfinito. In quello stesso momento il vecchio riprese conoscenza, ma lo sciamano era morto. Seppure il fatto sembri misterioso in realtà indica come in uno stato comatoso (ma questo succede anche durante il sonno) il cervello mantenga un contatto con l'esterno e possa reagire alle sue suggestioni. La morte dello sciamano interpretata nel contesto come l'aver dato un' anima in cambio, può essere spiegata con un infarto da stress o da un volontario seguire lo schema della cultura autoctona: un'anima per un'anima, ossia una rovinosa autosuggestione (più probabilmente le due cose insieme).

Il tema della suggestione riguarda non solo il singolo ma la società nel suo complesso. Lo star bene o lo star male dipende anche da situazioni sociali, da quella forma inconscia che unisce e condiziona i gruppi chiamata eggregoro. In altri termini in un ospedale dove medici ed infermieri lavorano in serenità, i pazienti guariscono più facilmente rispetto ad un altro dove invece ci sono situazioni di stress e disagio, fosse solo perché quando si lavora in un ambiente pacifico si sbaglia di meno.

Ricordo il caso, ripreso anche da Idries Shah, esperto di psicologia sufi, di un aereo costretto ad un atterraggio di fortuna in una landa deserta. I passeggeri, impossibilitati a comunicare via radio la posizione, decisero di non aspettare ma allontanarsi in due gruppi in direzione opposta di modo che il primo a ricevere soccorso avrebbe indicato la direzione del secondo. Il primo gruppo era guidato da un prete che proseguiva pregando con lo spirito da via crucis e l'altro da un commerciante che raccontava storielle tutto il tempo. Del primo sopravvissero in pochi ma del secondo tutti (e le condizioni esterne, compreso il tempo passato, finirono per coincidere) .

La suggestione gioca il suo ruolo anche nella memoria di gruppo. I ricordi condivisi esercitano un'azione in grado di legare gli uomini verso il loro destino. Memoria genetica e memoria inconscia diventano un cocktail potenzialmente mortale. Alla base ci sono le emozioni e gli schemi comportamentali appresi nell'infanzia dal gruppo di cui si fa parte. Grosso modo è il concetto del karma buddista, espresso in vari modi nelle religioni, ma che non riguarda esclusivamente l'io definito in quel corpo, ma l' insieme di cui fa parte. Sono proprio queste considerazioni ad aver portato la psichiatra Olga Kharatidi a riscoprire nello sciamanesimo una visione che inserisce la malattia in una visione globale della realtà. Leggiamo: " *Una guarigione completa è solo una questione di tempo, prima o poi ci si libera dai demoni della memoria. Eppure continuano a tornare e si moltiplicano attraverso persone diverse nel corso della storia, perpetuando l'offesa della memoria collettiva. Nel nostro tempo c'è un grande lavoro da fare per guarire. (4)".*

Solo una persona realizzata ed individuata gode di una certa libertà dal condizionamento dell'insieme umano, dalla sua memoria e dai suoi "demoni" portatori di odio, distruzione e sofferenza e in pratica non è più mossa dai pregiudizi, dalle paure, dalle vendette, dalle paranoie dei vari gruppi, non invade né è invasa dagli altri, cerca il suo equilibrio e non segue le reattività comuni: chi non è centrato nel suo sé (nella ricerca della verità e del bene) si identifica all'esterno lasciandosi trascinare dallo squilibrio generale che in certe epoche, come la nostra, è assai pronunciato. L'uomo ha possibilità straordinarie, capacità di superare prove tremende, nonostante tutto l'umanità è ancora viva perché porta sempre del bene, la forza di guarire. Guarire è ritrovare se stessi, ritrovare unità nella pace e fiducia nel senso della propria evoluzione.

domanda. *A proposito di possibilità straordinarie, la sensazione del "già vissuto" , ossia quando una cosa sembra di riviverla e un sogno si è realizzato, come potrebbe essere considerato?*

Risposta. Ci sono due interpretazione psicologiche, una negativa e l'altra positiva, che individuano nella sensazione del "già vissuto" un sintomo schizofrenico o al contrario un ampliamento di coscienza. Consideri ancora queste possibilità: il ricordo inconscio di un luogo o di una situazione simile a quella che si sta vivendo fa "sembrare " di rivivere la scena. In altri termini non si riesce ad avere un'associazione consapevole che ci farebbe dire: *"questo mi ricorda tanto..."* Talvolta invece rievochiamo nella vita un sogno che presentava situazioni ed immagini simili all'esperienza per cui pare di aver già vissuto l'evento in modo onirico. Poiché tutti o quasi hanno provato questa sensazione è forse eccessivo parlare di sintomo schizofrenico, a parte certi casi. Poniamo invece la possibilità in cui non sia presente uno stato dissociativo né una sovrapposizione o una giustapposizione inconscia che disorienta la percezione spaziotemporale. In tal caso, secondo la psicologia del profondo, si può parlare di una dilatazione della coscienza, di un senso di unità percettiva del sé oltre i ristretti limiti dell'attività razionale ordinaria. L'emisfero sinistro del cervello in poche parole non fa più da padrone lasciando esprimere quel lato creativo che alimenta i poeti e gli artisti. I mistici infine parlano di uno stato in cui il tempo e lo spazio si sciolgono in un eterno presente: una profonda commozione in cui la gioia , lo stupore, l'ebbrezza, lo stato di dolcezza è letteralmente incontenibile. Altre volte per loro sembra "normale amministrazione" gestire una sincronicità di eventi nella "extradimensionalità dello spirito" . Faccia lei.

Domanda. Se la guarigione dalle sofferenze e dalle malattie mentali, individuali e collettive, è determinata dalla realizzazione del Sè, come può essere quest'ultimo compreso e definito esattamente?

Risposta. Intanto il cervello non soffre, esso è l'unico organo che non sente dolore ed è quello che si può ammalare di diverse varie patologie come i tumori, l'alzheimer, il parkinson, l'ischemia, la menengite, l'encefalite, eccetera. Per il resto parliamo di devianze psichiche più o meno gravi che non permettono quell'equilibrio affettivo, quell'integrazione degli stati dell'io nella consapevolezza del Sè che deve essere rigenerata giorno per giorno per tutta la vita. Il Sè è come uno specchio che riflette tutti i dati del mondo fenomenico (dalle sensazioni alle emozioni, dai ricordi a tutta l'attività psichica). Se è lucido e pulito non solo guida questo fluire ma riflette l'Anima, o se si vuole la spiritualità comunque si intenda, ossia quanto lo rende capace di realizzare ottime cose in tutti i campi, nell'arte, nella fede e nel civismo.

1) W.Glasser" Positive Addiction" Collins Publishers inc. 1976, trad.italiana TEA.

2) A.Oliverio "Nei labirinti della mente" Laterza pag 129, 1998, I ed. 1989. E a pag 122: *"Comunque esistono ormai diversi studi che dimostrano , ad esempio, che gli avvenimenti luttuosi deprimono la risposta dei linfociti agli agenti mutageni (che inducono i tumori) o che negli individui che hanno subito una grave perdita, le cellule del sangue NK-le quali aggrediscono le cellule tumorali- sono meno efficienti. Tutte queste risposte sono pilotate da neuroni colinergici e da diversi peptidi prodotti dal cervello"*

3) "L'IL 1 è *"prodotto per lo più dai macrofagi del sistema immunitario ed è uno dei cinquanta e più peptidi identificati che mediano le reazioni infiammatorie causate da ferite, traumi o fattori che attivano il sistema immunitario. Nell'ambito di una cascata molecolare , l'IL 1 provoca la febbre, attiva le cellule T, induce il sonno e mette il corpo in uno stato generale di risanamento, consentendogli di mobilitare le riserve di energia per combattere con la massima efficienza contro gli agenti patogeni intrusi"* (da"molecole di emozioni", Candace B.Pert, Corbaccio pag 195).

4) O. Kharatidi "Il maestro dei sogni" Mondadori pag. 134. Continuazione del libro "La sciamana": un resoconto esperienziale interessante ma non privo di ingenuità, come il dar credito a leggende, per quanto suggestive, come quella dell'Agharti.

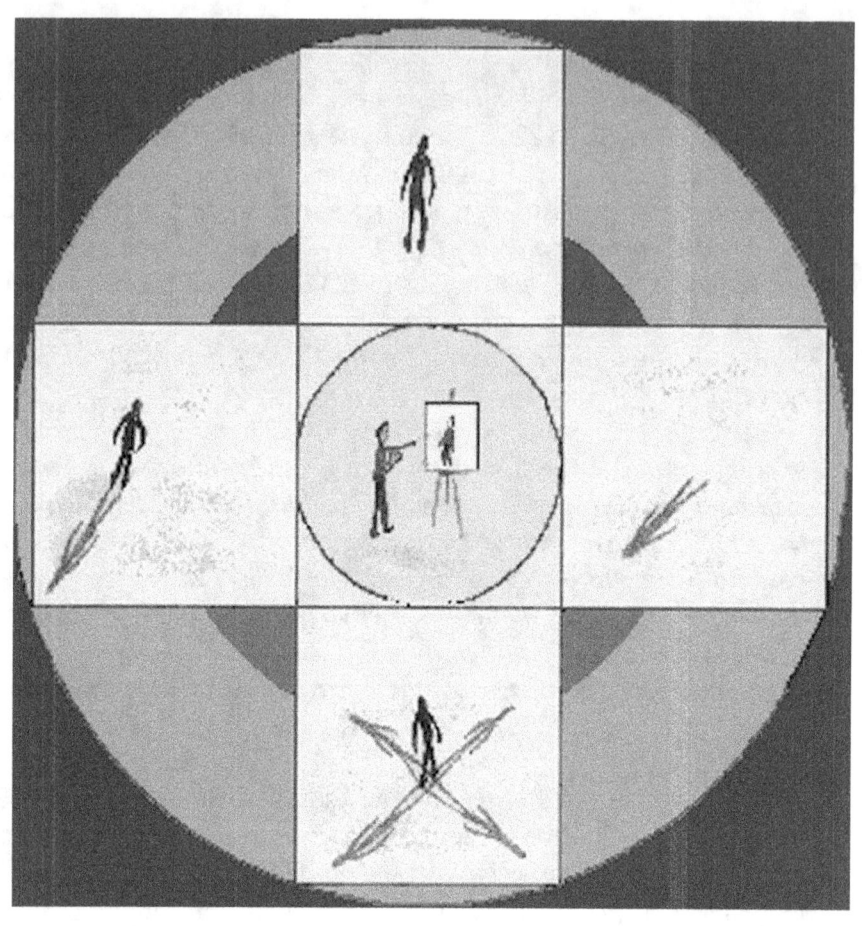

Nazzareno Venturi: "Uno, nessuno, centomila... ma c'è il Sé"

SUL DETERMINISMO

Lo psicologo svizzero Lucher, noto per i suoi studi sui colori, riprende una immagine ormai classica, quella della bicicletta, per spiegare quali sono i motivi determinanti la vita (La Persona a Quattro Colori-Astrolabio 93). Il primo è la costituzione genetica che possiamo paragonare alla bicicletta. Ci sono veloci biciclette da corsa , robuste mountain bike, altre da passeggio e tricicli. Come a dire che il proprio corpo ha una sua realtà specifica programmata, i suoi punti deboli e forti. C'è un orologio scritto nei geni che scandisce delle durate, tra cui quella della stessa vita individuale, e pure l'inizio di certe patologie. Mi viene in mente un caro amico, con il quale gioco a scacchi, a cui si è otturata una vena nella gamba come era capitato a suo padre quando aveva la stessa età e nello stesso punto. Alcuni studiosi come Szondi considerano la vita psicofisica determinata fondamentalmente dalla genetica lasciando poco spazio agli altri fattori. (Ci si tranquillizzi, i geni talvolta vengono corretti e comunque predisposizione, non è necessità); veniamo al secondo di questi fattori, ossia la strada in cui si trova la nostra bicicletta: ci sono strade in salita, altre in discesa (caspita se non sono pericolose, anche se la sola fatica è quella di frenare e di prendere bene le curve!) altre dal suolo liscio o impervio. Insomma il soggetto può trovarsi a vivere una esistenza in ambienti inquinati o nella salubrità dell'alta montagna, ma soprattutto in una relazionalità che può essere positiva o negativa a cominciare da quella importantissima della prima infanzia coi genitori (l'ambiente umano). Ci si chiedeva come mai negli orfanotrofi di un tempo, una considerevole percentuale di bambini moriva pur se non mancava di cibo. Era assente l'amore di cui il neonato ha necessità: il suo corpo avrebbe potuto vivere fino a cent'anni, ma l'ambiente ha ridotto drasticamente il suo tempo. Il comportamentismo, che ha i suoi primordi negli studi di Pavlov sui riflessi condizionati, ha puntato soprattutto su questo fattore. Sempre sull'esempio delle biciclette, consideriamo chi pedala, l'io, la volontà, la responsabilità individuale che può essere elevata in certe persone ed in altre minima a causa di patologie del cervello o delle devianze psichiche. L'educazione (e con essa i concetti di giusto ed ingiusto, di bene e di male) indubbiamente canalizza le scelte: si ponga il caso del delitto d'onore, oggi emarginato nel ridicolo, una volta, in certi luoghi, era sentito come un dovere. La volontà libera è quindi quella razionale, di un adulto che ha filtrato i messaggi educativi dell'infanzia, scartando i pregiudizi e le negatività (ma solo pochi raggiungono pienamente questa maturità).

Abbiamo dunque tre fattori che sono in relazione tra loro nel determinare l'esistenza: la bicicletta, la strada ed il ciclista, vale dire la genetica, l'ambiente, la volontà. Non sono tre parti divise ma organicamente interagenti tra loro. Un esempio: una alimentazione sbagliata (fattore ambientale) con carenze vitaminiche (soprattutto la v.pp) può provocare stati psichici alterati fino alla demenza (dott. E. D. Vitali "Guida all'Alimentazione" Editori Riuniti), così l'insufficienza di sonno per i più svariati motivi, cagiona uno stato allucinatorio. Quindi un fattore esterno modifica quello interno, come quando si fora una gomma, l'interno viene poi, dall'assunzione di farmaci inadeguati, reso incapace di tornare alle normali funzioni, anche se tutto ciò non era previsto lungo i binari genetici. Altro esempio a cascata di eventi: il soggetto per via di scelte intellettuali (…un fan dei libri di Castaneda…) decide di darsi all'esperienza esaltante della droga, le alterazioni biochimiche provocate dallo stupefacente modificano il suo comportamento, la sua psiche per cui suo malgrado si troverà in nuovi ambienti, come quelli di recupero se non in galera ormai ricettatore, in cui assimilerà nuovi concetti od emozioni che a loro volta cambierebbero le sue scelte... In questo caso il circuito sembra cominciare dalla volontà, per passare al corporeo ed all'ambiente. Si potrebbe peraltro affermare che la tendenza inconscia genetica aveva predisposto il soggetto a certi atteggiamenti culturali, quindi a frequentare persone psicopatiche, a simpatizzare per concezioni di vita alterate o ideologie fanatiche, dalle quali sarebbe emersa la sua volontà di...

Insomma non si può dire dove cominci un aspetto e finisca l'altro, mi sembra quindi errato puntare tutto su un fattore dimenticando o quasi gli altri. La complessità di queste interconnessioni è evidente. Sicuramente quando l'individuo evolve aumentano i suoi spazi di libertà dai condizionamenti e, in parte, anche dalla stessa corporeità essendosi abituato a capire l'inconscio (l'aver fatto luce dentro di sé) e a tenere nel giusto freno gli impulsi istintuali ed infantili: è il cammino di liberazione che l'umanità sta realizzando da quando qualcosa d'umano ha cominciato ad intravedersi in alcune scimmie...

La psicologia del profondo e transpersonale inserisce un quarto elemento, l'anima. La realizzazione di questa libertà (comunque relativa poiché la condizione terrestre impone i suoi limiti) è stata compiuta da illuminati, maestri e santi. Le figure più eccelse della mistica hanno finito per contemplare la coincidenza del libero arbitrio con la necessità del volere divino, coi suoi decreti, del proprio sé col Sé, essendo questo forma di Quello.

E tra i mistici d'ogni campo, nell'arte, nella fede e nel civismo, alcuni sono diventati dei poli di riferimento per tutti, da San Francesco a Rumi, da Leonardo ad Avicenna . Persone libere e realizzate. Ed ognuno era partito per la sua strada con la sua bicicletta (pardon, sarebbe il caso di adeguare l'immagine con un asinello, un cavallo, un cammello...a parte Leonardo che aveva già inventato di tutto, tra cui la bicicletta).

Lezioni di volo

IL CORPO

Partiamo dall'esperienza. Durante una escursione speleologica (misto d'incoscienza giovanile e spirito d'avventura) mi sono trovato obbligato, se volevo proseguire, a passare attraverso due pareti a strapiombo di roccia viscida, le ginocchia e la schiena facevano pressione sulle pareti e sotto il vuoto, a distanza di pochi metri si poteva proseguire a piedi, ma quello spazio sembrava enorme. Il corpo era pieno di adrenalina, tremavo, la forza scemava e non essendo assicurato alle corde mi terrorizzava il pensiero di non farcela e di precipitare, ma guadagnai la salvezza, seppi poi che un alpinista esperto morì in quel punto. Il passaggio al ritorno fu agevole per due fattori: il primo è che in queste circostanze andare a destra o a sinistra per il corpo è differente esattamente come scrivere con la mano sinistra e con la destra. Il secondo è che il mio corpo aveva acquisito la percezione della superabilità dell'ostacolo lasciandomi una sensazione di tranquillità e di sicurezza.

I fatti psichici sono anche fatti del corpo e costituiscono l'aspetto materico umano. Le emozioni sono reazioni chimiche ed elettriche che coinvolgono l'encefalo e tutti gli altri organi. Per questo non si può isolare l'aspetto psicologico da quello fisico, la loro relazione è sinergica. Da come una persona cammina, dalla voce, dal volto si può risalire alla sua infanzia, o più precisamente ai modi in cui ha reagito al suo ambiente e che poi si sono somatizzati. I blocchi dell'energia fisica sono anche blocchi psicologici. Non sempre si superano bene gli ostacoli ambientali impedendo così alla propria vita di esprimersi liberamente. E il corpo documenta tutto ciò sia nell'aspetto statico - somatico o dinamico – comportamentale; un'osservazione attenta tiene presente le variabili: l'inclinazione della testa può rivelare una schizoide paura di affrontare la vita, un bisogno di rifugiarsi nell'infanzia, ma anche torcicollo o periartrite.

Gli shock sono paragonabili a corto circuiti che interrompono un sistema, tra le reazioni fisiche immediate: i capelli possono rizzarsi e sbiancare, maturano certe malattie come la psoriasi. Altre volte gli effetti degli choc , come quelli subiti nell'infanzia, si rivelano col tempo in stati di apatia o di schizofrenia, anche se la persona non ne è più consapevole il corpo ne mantiene la memoria.

Durante la prima guerra mondiale austriaci ed italiani combattevano una logorante guerra di trincea. La vanità spingeva diversi ufficiali ad ordinare attacchi durissimi ai soldati per espugnare le postazioni avversarie. In caso di successo si sarebbero preso il merito, le medaglie, la promozione. Chi non avanzava o scappava dal fuoco nemico veniva ammazzato sull'istante dagli stessi ufficiali che ordinavano gli attacchi. La conformazione delle montagne, tra pietraie e dirupi, rendeva talvolta impossibile guadagnare anche pochi metri del fronte. Un colonnello austriaco ordinò ad un primo schieramento un assalto in una zona strategica difesa dagli italiani: i soldati austriaci furono sterminati dalle mitragliatrici come mosche. Il colonnello non prese atto dell'impossibilità dell'azione e mandò verso morte sicura un secondo schieramento. I soldati delle retrovie che assistevano alla carneficina, una volta chiamati all'attacco, di fronte all'assurdità e all'impossibilità di fuggire impazzirono contemporaneamente.

Nella schizofrenia il corpo è dissociato dalla mente, è vissuto come un oggetto, sentimenti ed emozioni sono inaccessibili, solo uno stato di terrore accompagna i deliri. Il legame con la realtà si è perso, tutto è precipitato nell'assurdo. Un trauma può essere la molla che fa scattare il meccanismo dissociativo, una risposta all'assurdità ambientale, per cui vista l'impossibilità di agire e di comunicare, l'io si difende estraniandosi dal corpo, dalla realtà. Alla base c'è il meccanismo biologico che vivono diversi animali quando vengono ghermiti da un predatore, questo impedisce loro anche di soffrire: il terrore fa sì che il flusso sanguigno si ritragga dai muscoli irrigidendo il corpo fino all'insensibilità. Spesso la gazzella muore di infarto prima di finire nelle fauci del leone. Il corpo è sconfitto.

Nella bolgia dei testi pseudo esoterici si parla spesso di pratiche in cui l'io deve dissociarsi dal corpo per arrivare alla spiritualità, vederlo come un cadavere, viverlo come una macchina, estraniarsi dalle emozioni e dai sentimenti: ascetismo pericoloso che estremizza tecniche incomprese suggerito spesso da fanatici, mitomani, ciarlatani ed ignoranti. L'evoluzione del sé riguarda anche il corpo, (il nafs per i sufi). C'è un processo di riconoscimento ed integrazione della mente col corpo che inizia da quando il neonato cerca il capezzolo della madre e passa difficili momenti soprattutto quando l'ingerenza della madre gli impone di controllare le sue funzioni biologiche (fare la popò ogni mattina o finire la minestra nel piatto quando non ne ha voglia). Avete mai visto un cane e un gatto quando fanno la cacca? Quanto ci mettono? Spiegatemi allora perché ci sono così tante persone che alla mattina devono ritualizzare per un sacco di tempo una funzione che dovrebbe essere immediata e non certamente ad un'ora precisa!

Vivere il corpo spontaneamente e in modo disinibito (così come tutte le relazioni sociali) non significa disattendere le regole sensate di convivenza. Certamente essere schiavi delle passioni e degli istinti non significa vivere bene il corpo, né un narcisistico culto gli dà dignità: l'uomo ha un etica ed una ragione che devono armonizzarsi con l'animalità inconscia per integrarla non per separarsene (già ci penserà la nostra ora) essendo questa la base del nostro vivere. Del resto anche la fede, l'amore, la bellezza si sentono nel corpo, si gustano come quando ascoltiamo una musica, vediamo un paesaggio: si dischiude così nel corpo il riflesso dell'Anima, e le labbra e gli occhi sorridono, il petto si scalda, vogliamo bene al prossimo e sentiamo un senso profondo di infinità, di luce che i mistici chiamano Dio.

C'era una volta un derviscio su una spiaggia che stava salmodiando una formula sacra. Poco distante, sul mare, c'era una barca con un altro derviscio, molto colto, accinto a meditare. Quest'ultimo fu interrotto da quelle preghiere che provenivano da terra. Subito comprese che si trattava di una formula capace di far camminare sulle acque ...ma c'erano degli evidenti errori nell'inflessione della voce e le stesse parole non erano quelle originali. Pertanto remò verso riva per informare lo sprovveduto degli svarioni e per indottrinarlo sulla pronuncia esatta. Pago di questa buona azione riprese la via del mare non allontanandosi a sufficienza per non sentire nuovamente quella litania piena di strafalcioni...a bocca aperta vide il confratello dirigersi verso di lui camminando tranquillamente sull'acqua, sentendosi poi chiedere "...potresti ripetermi la frase esatta che non me la ricordo più ?"

MISTICA ED ISTERIA

Questo saggio è stato pubblicato anche sulla rivista "Sufismo". Per problemi di impaginazione le note didascaliche erano state accorpate nel testo (pag. 22 e 23 della rivista)

Due sono i pregiudizi comuni nei riguardi della mistica: il primo, erede di un atteggiamento riduzionista di tipo positivista, inscrive tutta la fenomenologia mistica nel comportamento alienato, il secondo, di tipo popolare, la accetta indiscriminatamente come prova di santità e di presunti contatti con la vita ultraterrena. Nel 900 diversi studiosi hanno cercato considerare questa materia in modo obiettivo distinguendo il moto alienato di competenza psichiatrica da quanto invece rientra nella normalità della dinamica sociale e della vita psichica. L' approccio scientifico è diverso da quello religioso: quest'ultimo cerca di distinguere la vera e la falsa apparizione, il vero e il falso "posseduto" , il vero ed il falso miracolo, dando per scontato che esiste questo tipo di realtà (la possessione demoniaca , la apparizione di una divinità, l'intervento di un Dio...) . In altri termini la valutazione dei casi rientra in una precomprensione del mondo dogmatica . Va da sé che come un cristiano non può accettare i criteri di accertamento delle reincarnazioni del buddismo lamaico per le investiture religiose così un buddista nei riguardi del metodo di convalida cristiano delle apparizioni mariane. Esistono dunque dei contesti culturali che circoscrivono in se stessi l'esame dei propri miracoli e dei fenomeni mistici.

L'antropologia, la psicologia, la storia delle religioni devono necessariamente oltrepassare il determinato culturale e rimanere altresì libere dall'aspetto confessionale in quanto la specifica credenza inficerebbe una libera ed obiettiva ricerca. Nella scienza non si può fare apologetica, tutto può venir messo in discussione. Ciononostante il singolo studioso non necessariamente deve essere agnostico come Ernesto de Martino (1960) nella introduzione del buon lavoro di James H.Leuba (la psicologia del misticismo religioso pubblicato da Feltrinelli) fa intendere. Uno psicologo può essere cristiano, musulmano, buddista senza che l'ideologia pregiudichi il suo lavoro. Per alcuni nel momento che lo scienziato è un credente, sottomettendosi ad una autorità religiosa ed ad una ideologia, non può più rimanere libero ed obiettivo. E' sicuramente un rischio ma l'intelligenza permette anche di interpretare al di là di una burocrazia religiosa e del già dato in livelli tali da non compromettere la libera ricerca. E' quel che caratterizza anche gli autentici mistici : l'universalità della loro ispirazione (vedi Dante e Rumi, San Francesco e Tagore) li ha resi simili facendoli entrare nel patrimonio spirituale di tutta l'umanità oltre i confini delle specifiche credenze. Così nella scienza: l'oggettività dell'interesse permette di superare i particolarismi ed indagare liberamente senza preconcetti.

Ma anche i moti alienati vanno al di là di un contesto particolare: l'isteria, che già Ippocrate aveva definito malattia, non è cristiana o hindu o islamica ma si manifesta con fenomeni analoghi. Il catalogare tra le devianze certe manifestazioni che il sentimento popolare inscrive nella spiritualità non significa irriderlo. Anche la semplicità del fideismo può essere genuina . Né i casi associati all'isteria in certi santi vogliono sminuirne il valore, ma nella generalità siamo solo di fronte a patologie. I distinguo sono a latere.

Il quadro sintomatologico dell'isteria è spesso legato alla simulazione ed alla teatralità come se il soggetto con certe scene di pianto e di grida, sfoghi emotivi accompagnati talora a bestemmie o a segni religiosi, pseudodemenze ed amnesie, al senso di un groppo alla gola (bolo isterico) che non permette di mangiare obbligandolo al digiuno, barcollamenti e paralisi, volesse richiamare l'attenzione per comunicare qualcosa di sé di cui non ha consapevolezza. Spettacolari sono le somatizzazioni nelle quali l'isterico riferisce il suo vissuto religioso.

L'ulcerazione isterica: gonfiori sanguinanti sono stati registrati in certi soggetti durante il venerdì santo, tra spettacolari contorsioni ed urla di dolore ad imitazione delle sofferenze di Cristo. Stimmate: è da notare come si producano sul dorso e sul palmo delle mani in quanto l'iconografia cristiana rappresenta Cristo crocefisso inchiodato alla croce nelle mani. In realtà i romani inchiodavano nei polsi, la sola collocazione che permetteva di reggere il peso. Ma la somatizzazione avviene richiamando immagini famigliari anche se sono in contrasto con situazioni realistiche. Questo avviene anche nelle allucinazioni: ogni popolo ha avuto ed ha le sue apparizioni, proiezioni psichiche di immagini e contenuti caratteristici ai contesti culturali: ad un hindu appare una sua divinità, ad un buddista il Buddha, ad un cristiano una Madonna. Questi fenomeni possono manifestarsi a livello collettivo, una partecipazione simbiotica ad una attesa condivisa in tanti: anche gli ufo sono legati a simbolismi religiosi, particolarmente al salvatore che scende dall'alto. Può succedere che la stessa isteria, causa o concausa di alcune malattie (paralisi e cecità nervosa su tutte) le risolva in un clima teatrale miracoloso, allo stesso modo di come l'ossesso (per le religioni: l'indemoniato, un poveretto che nell'infanzia è stato terrorizzato dall'ambiente familiare con racconti di demoni, peccati ed inferni) si libera dalla sua ossessione (dal demone) attraverso spettacolari riti esorcistici. Banalmente verrebbe da dire che chiodo schiaccia chiodo, ma senza consapevolezza abreativa il problema viene solo accantonato. Il chiodo và rimosso. Quando il soggetto non riesce a reintegrare significativamente e realisticamente in se stesso (nella sua vita, nella sua storia) alcune rappresentazioni che compaiono negli stati isterici esse agiscono in modo autonomo ed ipnotico con effetti patogeni. Nel mondo islamico osserviamo i casi di isterismo non nelle figure di rilievo (che poi sono tutte sufi) ma in quelle secondarie spesso legate a degradazioni del sufismo come nel malamitismo e nel marabutismo, alcune descritte da Sha'rani nelle tabaqat (tradotte da V.Vacca in " santi musulmani" per conto dell'UTET). Questo perché i sufi, facendo proprio il monito del Corano di cercare il sapere, sono sempre stati eclettici, amanti della scienza. La loro via mistica è andata di pari passo a quella della ricerca psicologica per arrivare ad una fede pura, non alienata. Certo le eccezioni non mancano ma sono da confinarsi nelle degenerazioni del sufismo, non nel suo spirito. Ibn Battuta, il Marco Polo dell'Islam (vedi in "studi") ha incrociato nel suo peregrinare gruppi di asceti in cui il dhikr (rito religioso con musiche e danze) si riduceva ad un fenomeno isterico. Nel cristianesimo invece troviamo personalità importanti come santa Caterina da Genova e santa Teresa d'Avila sicuramente affette dall'isteria, almeno in certi periodi della loro vita. Ciononostante queste figure posseggono valori elevati (oltre la stessa contestualità culturale) tali da non permettere di ridurle a semplici casi psichiatrici. Con buona perizia J.H.Leuba aveva notato che santa Teresa d'Avila confondeva i gradi della trance estatica con l'evoluzione spirituale, più lo stato è passivo ed inconscio più, secondo la santa, si è perfetti (nelle mani di Dio). Leggiamo:

" *La confusione grossolana implicata nella dottrina sistematica di santa Teresa ha annebbiato non solamente lo sguardo dei teologi, ma anche, fino a un certo punto, quello di alcuni psicologi. In compenso, essa non ha profondamente influenzato le esistenze degli stessi mistici. Il più alto periodo del loro corso spirituale- il periodo di attività esterna al servizio di Dio- in cui, secondo loro stessi, si sono sentiti più vicino a Dio, smentisce in maniera categorica la teoria della perfezione concepita nel senso della passività. Lontani dall'essere diventati strumenti passivi nelle mani di Dio, puri e semplici automi, si comportano allora, durante i periodi di attività, da individui autonomi, capaci di determinare se stessi, pur considerando i loro progetti volontariamente conformi alla volontà divina*" (op. cit. pag.201).

Figure come madre Teresa di Calcutta e Gandhi rappresentano l'equilibrio tra il sentirsi parte viva di un insieme significativo , che è precipuamente un senso della fede (ben descritto da A.Lowen nel suo "La spiritualità del corpo" ed. Astrolabio) ed il senso autonomo, decisionale, responsabile, individuato del proprio io. Jung avrebbe parlato di integrazione tra il Sé e l'io. L'accettazione di questa significatività trascendente della vita, che si traduce nel semplice intercalare islamico "insh'Allah" (a Dio piacendo) stimola ed integra un'azione lucida e coordinata. E' da notare come nel sufismo il maestro vigila affinché l'allievo non indugi negli stati estatici. Questi ultimi, attivati anche durante il dhikr con tecniche precipue, servono per alimentare il conscio, per ridare energia realizzativo, senso ed armonia ai propri stati, e non sono fine a se stessi. Da questo punto di vista santa Teresa d'Avila indugiando nel suo castello interiore manifestava quei sintomi di isteria ipnoide che solo in un secondo tempo supererà, quando si prodigò fondando ed organizzando nuovi monasteri con una lucidità esemplare. Ancora Leuba:

"le meraviglie della trance e l'inabissarsi nell'ipnosi avevano perduto ai loro occhi buona parte della prestigiosa aureola dei primi tempi, ed erano stati confinati, proprio come gli eccessi di ascetismo, in un rango di secondaria importanza" (cit. pag.201)

E' importante quindi per i mistici lo "stazionare" in una saggezza profonda (derivata anche da quegli stati estatici rivelativi, che spostano i confini oltre l'ego) che permette di ritrovare nell'azione l'equilibrio e l'armonia, la lucidità e l'efficacia. I mistici agiscono considerando quanto è utile in modo adulto e non rimangono narcisisticamente ad osservarsi né trovano piacere ad essere ammirati come "santi". L'isteria quindi di santa Teresa d'Avila è da confinarsi nel suo periodo visionario quando ha elaborato l'immagine del castello interiore. Questo ha una doppia interpretazione: da un punto di vista rappresenta la ricerca della propria realtà psichica, quasi una raffigurazione mentale delle proprie attività cerebrali, dai propri stati emotivi ai ricordi, alla fantasia in una discesa nel laboratorio alchemico, dall'altro punto di vista, proprio per il fatto che è un "castello" e non una normale dimora, può sottintendere un compiacimento paranoide della propria presunta superiorità (essere santi, importanti o potenti) . Dall'osservazione psichiatrica e dalla psicologia del profondo questo simbolo può associarsi a stati deviati. Lo stesso G.Jung durante un delirio al seguito di una malattia si sentì trasportato fuori dalla terra, la vide dall'alto fino a uscire dai confini dell'universo in un castello dove la sensazione era quella dell'eternità e della comprensione globale di tutta la propria vita. Jung considerò comunque questo vissuto psichico una esperienza fondamentale che lo mutò profondamente dandogli la certezza di un altro piano esistenziale trascendente. La voce del medico curante lo riportò "sulla terra" ma diverso. Non necessariamente dunque questo simbolo riferisce di uno stato paranoico, ma certamente sta sul filo di un rasoio sotto il quale c'è uno stato alterato (come del resto ogni stato mistico) .Nel processo realizzativo la chiusura nella propria monade (il sistema di difese a complessi irrisolti) una volta reintegrato il sé (succede ciò anche quando una psicoterapia si conclude con successo) si risolve in una riappacificazione con se stessi e col mondo ormai visto con una saggezza e tolleranza prima insospettata, forse perché percepito in tutta la sua effimera realtà. Il castello si scioglie (la casa in rovina, simbolo più confacente usato da altri mistici come Rumi) per liberare la vita dello spirito. La propria vita individuale non è più percepita separata da quella totale. Non c'è più nulla da dimostrare e da esibire(e l'isteria come abbiamo visto è imprescindibile dall'esibizionismo), se non per questioni tecniche e pratiche, ma solo da fare, dell'essere per fare.

per questo nelle terapie di gruppo si usa spesso la tecnica del far riflettere le persone.)

1)   C'è comunque una zona di confine tra follia e misticismo determinata soprattutto dall'ambiente sociale: la stessa persona in un contesto diverso, storico e culturale, può passare per folle o per santa, avrebbe insomma opportunità e credito precipuo a quel contesto, tema che già Focault nella sua "*storia della follia*" ha trattato ampiamente. Nel lavoro di Catherine Clement e Sudhir Sakar, "*la folle e il santo*",ed. Corbaccio, vengono paragonate due figure, una il santo indiano Ramakrischna, l'altro una poveretta rinchiusa nel manicomio di Parigi e curata dal celebre Janet il quale ebbe a scrivere che essa, in un'altra situazione storica, sarebbe stata considerata una mistica. Viceversa diverse figure di santoni orientali, in un quadro culturale positivista, presentano sintomatologie sufficienti per essere internati. Gli autori del libro hanno anche esaminato le somiglianze tra i due a livello fisiologico e comportamentale come base presunta di un paradigma che unisce tutti mistici oltre i contesti culturali. Esiste comunque la differenza che distingue il moto alienato da quello autentico, essa sta nel principio di realtà, nell'attenzione della persona al mondo in cui vive ed in cui si adatta senza per questo rinunciare ad essere se stessa, ai propri pensieri e sentimenti. Esiste insomma la capacità di valutare la situazione sociale, gli usi e costumi ed interagire efficacemente e costruttivamente con essi, capacità appunto di intendere e volere. Inoltre il delirio o la crisi isterica non hanno nulla in comune con gli stati estatici : il mistico mantiene comunque il senso critico e il dubbio. Ci si dirà che esiste una psicosi dissimulata, ma uno psicotico al contrario di un mistico non reggerebbe a una semplice intervista strutturale, ossia a un dialogo che impone di risolvere contraddizioni e obbliga ad approfondimenti.

Nella immagine Avicenna, (Balkh 980 -Hamadan 1037), forse il medico e filosofo persiano più studiato nel medioevo, il cui canone di medicina (Kitab al-Qanun fi al-Tibb) è stato per secoli anche in Europa, il testo base di riferimento, cura un paziente affetto da passione amorosa (le manifestazioni di gelosia esagerata sono simili a quelle isteriche ma a differenza di quest'ultima hanno un decorso circoscritto alla fase biochimica della infatuazione amorosa)

2) Secondo l'ordine sufi Chisti diffuso prevalentemente in India, le malattie di origine psicosomatica (ossia affezioni corporee causate dalla mente) o somatopsichica (e viceversa disturbi mentali causati

da fatti organici) derivano dallo squilibrio dell'essere umano, quando ormai è dominato dal maqam an-nafs, ossia dall'istintualità, dalla passionalità, dall'ambizione egoica di emergere su tutti. Questa pulsione primitiva, genetica, comune nella natura che esaspera il senso di sopravvivenza individuale, nell'uomo diventa non solo dannosa per gli altri a livello sociale ma si ritorce negativamente sul se . Deve esserci insomma un equilibrio tra gli stati (istinto, ragione e spirito sociale o se si vuole biopsiche/archeopsiche, neopsiche ed esteropsiche) affinché non si determino delle malattie. E' indubbio che una ritrovata serenità ed armonia interiore agisca positivamente sia sulle condizioni organiche che ambientali in un circuito sempre più virtuoso . In più, secondo i Chisti che credono alla reincarnazione, questi squilibri patologici che non permettono all'io di essere libero nell'anima, sono il frutto del proprio passato

Nell''immagine , tratta da una miniatura persiana, lo sceicco Nasruddin taglia il ramo su cui si appoggia sotto lo sguardo stupito delle persone: è un isterico che vuole attrarre l'attenzione o un maestro che vuol dare un insegnamento, è dabbenaggine o altro ancora? ("ognuno vede quanto vuol vedere" in base a quello che ha imparato ad essere. Ogni commento su una immagine astratta (come nel test di Rorschach) o concreta può indicare qualcosa sul modo in cui il soggetto si rapporta con gli altri e con se stesso. Non solo l'immagine ma la lettura di un testo:

3) Negli ospedali islamici e soprattutto in quelli psichiatrici si badava a creare condizioni ambientali di bellezza ed armonia ritenute di estrema importanza per la guarigione. Spazi ingentiliti da piante e disegni geometrici , forme cromatiche adeguate (giacché il colore influisce fortemente sulla mente) giardini con fontane, musiche: insomma un ambiente umano e naturale che valorizzasse la bellezza e la vita. Una istanza oggi universalmente ammessa ma in gran parte disattesa. Rimando al testo "*la malattia mentale nel medioevo islamico*" di D.De Maio ed. del Corriere Medico, ber corredato da immagini tra cui l'ospedale psichiatrico accanto alla moschea di Beyazit II a Edirne dove i pazienti, coi loro vestiti di seta, venivano curati anche con musiche e aromi (non escluso il vino ai depressi).

4) Il concetto di isteria sembrava essere relegato come termine generico ottocentesco quindi sostituito con diagnosi di disturbi somatoformi (dolori non individuabili dagli internisti) dissociativi (scissione della personalità con incapacità di strutturare la memoria della propria vita) e di conversione (cecità e paralisi nervose) ma oggi attraverso la spect (tomografia computerizzata a emissione di fotoni singoli) e la pet (tomografia a emissione di positroni) si è potuto visualizzare le parti del cervello che si attivano quando il disturbo si manifesta. Detto in soldoni si verifica un corto circuito cerebrale ogni qual volta appaiono i comportamenti isterici. Le zone del cervello che si attivano durante lo stato di profonda meditazione o di estasi sono invece altre rispetto a quelle dell'isteria e ben diverse sono le manifestazioni. Che poi nella storia delle religioni ci siano figure a loro modo borderline, ossia al confine di questi due stati, invoglia ulteriori ricerche e

approfondimenti, può succedere infatti che certi loci cerebrali siano coinvolti in momenti ritenuti mistici ma anche schizofrenici od epilettici. Vediamone qualcuno: gli attacchi epilettici che coinvolgono il lobo temporale determinano stati onirici di derealizzazione e depersonalizzazione, l'alterazione del meccanismo cerebrale che controlla l'intenzionalità provoca confusione tra lo stato di sogno e di veglia tipica degli schizofrenici, l'insensibilità corporea nei momenti di trance comporta il blocco dello stato limbico e particolarmente dell'amigdala, quindi l'emozionalità ma ciò è dovuto anche a traumi capaci di provocare stati catatonici (evolutivamente spiegabili come meccanismo di difesa della preda che si finge morta). Comunque a prescindere dalle patologie neurologiche oggi evidenti che spiegano fenomeni una volta considerati sintomatici di malattie mentali (come quello dell'associazione tra colore e note musicali ben descritto dal neurologo V.S.Ramachandran in "*Che cosa sappiamo della mente*" ed Mondadori,) bisognerebbe considerare che ogni manifestazione umana, sana o squilibrata che sia, potenzialmente è contenuta in ogni cervello: il santo e il mostro ed ogni archetipo pensabile sono nell'umanità di ogni individuo e non è il fato a decidere chi li incarnerà. Nonostante negli ultimi decenni sia stata sempre più deresponsabilizzata la persona dando all'ambiente o alla genetica (o comunque a fattori fisiologici) le cause del benessere o del malessere psicofisico al centro rimane l'io: le sue risposte all'ambiente e a se stesso costituiranno la sua storia, condizioneranno il suo corpo e l'ambiente. Quel che il buddhismo considera come karma , il dinamismo di azioni e reazioni corrispondenti (concetto presente anche nell'Islam , nell'ebraismo e nel Cristianesimo) non è una favoletta, ma è tangibile anche sul piano clinico (Gustav Jung lo collegò anche alla sincronicità): si è responsabili della propria evoluzione ed armonia: è un compito che sta nelle nostre mani per tutta la vita, se Dio vuole.

FLASH SULLA PARANOIA

La paranoia è rara? No, in modo più o meno lieve, nessuno ne è indenne, tanto più che un periodo psicotico della vita (intorno ai cinque anni) quando il bambino si sente onnipotente, è stato passato da tutti. L'esperienza e le "facciate" insegnano al bambino modi relazionali più realistici e rispettosi, ma qualcosa di quello stadio resiste, il cosiddetto pensiero panpsichistico (o magico), la sensazione talvolta emergente di onnipotenza: il bambino trionfante sul seggiolino, magari mentre fa orgogliosamente la cacca. Superarlo non significa negarlo, ma trasformarlo in modo costruttivo: non tutti, però, hanno risolto le fasi infantili e pochi le hanno passate bene.

L'atteggiamento paranoico è individuabile in chi tende a porsi in una posizione di preminenza sugli altri negando ad essi valore: essi vengono da lui accettati solo se si allineano alle sue idee, solo se si sottomettono alla sua volontà. In termini di psicologia transazionale : io sono O.K. e tu non sei O.K. Questo modo di rapportarsi coi propri simili (ma egli non si sente simile a nessuno se non a qualche personaggio mitico) comporta diverse complicazioni nella sua psiche: gli altri sono un nemico potenziale da combattere per cui molta della sua energia si consuma nel persistere di mostrarsi superiore, dalla parte di chi ha un potere, di chi è meglio non sfidare; sempre sospettoso interpreta situazioni e frasi come rivolte contro di lui rimuginando modi per vendicarsi, isolato negli affetti poiché incapace di dialogare (ed il dialogo comporta accettazione di altri punti di vista, seppure non necessariamente per condividerli, ed autocritica) inventa nemici per lo più immaginari o proietta fantasie su figure reali, cerca i "diversi" per scagliare la sua illegittima rabbia investendoli di ogni male. La cronaca giornalmente riporta casi di paranoici che hanno rivolto la loro follia omicida contro appartenenti a gruppi etnici differenti dal proprio, o di altra estrazione ideologica, se non a poveretti senzatetto. Sentendosi perseguitato, perseguita, geloso di quanto crede di avere (dal ruolo sociale, alla ricchezza, ad una donna) lotta per difenderlo finendo alla fine per combattere contro i mulini a vento come don Chisciotte: l'incapacità razionale ed emotiva di tolleranza (rigidità di pensiero , talvolta pure somatizzato in smorfie permanenti) e di agire in modo vincente e legittimo nel sociale viene sopperita dal paranoico, con l'inganno e la sopraffazione per cui può anche, se aiutato da circostanze fortunate, diventare un capo politico o di sette religiose, attorniato da servi fedeli. Se per una persona equilibrata non fa differenza stare al centro od in un angolo, egli tende a porsi solo dove può dominare e controllare. Ama pensare e fare come se tutto dipendesse da lui sentendosi impotente a essere parte attiva di un insieme dinamico e diversificato. L'incapacità di affrontare la realtà lo spinge alla mitomania, alla deificazione personale, ad idee sempre più deliranti di grandezza. Ama gli imperi, la guerra, castelli fortificati simboli di potere, il culto della virilità, nei momenti di esaltazione si sente investito di missioni spirituali e purificatrici e con fervore idealistico può riuscire a trascinare le folle nella battaglia contro il "male" (che poi è, semplificando, chi crede suo nemico, chi non la pensa come lui). Il suo delirio sistematizzato può trovare consensi in terreni predisposti, sette occultistiche, se non intere popolazioni che stanno subendo situazioni economico-sociali critiche. Quando gli stati sono trascinati da costoro anche le masse sono sospinte a comportarsi in modo paranoico: "*Taci che il nemico ti ascolta* ": così ammonivano frequentemente certe scritte sui muri durante il fascismo . Da qui il divieto di assembramento per più di cinque persone, gli slogan del tipo" : *La guerra è nobile e bella*" ed il premio a chi faceva tanti figli maschi da sacrificare in battaglia. La stessa aria che si respirava nei fascismi era nello stalinismo e in tutte le dittature: solo l'asservimento all'idea del capo era ammessa. Da qui il divieto di ogni opposizione (il dialogo è anche opposizione, stimolo a rivedersi criticamente). Laddove non c'è tolleranza e rispetto dell'altro e della diversità c'è paranoia, follia.

Ma attenzione. Si è detto inizialmente che gli impulsi primari e le fasi infantili non vanno repressi, ma trasformati. Il senso di affermazione, di libera espressione e sviluppo del sé è legittimo ma deve essere guidato dall'io, dal principio di realtà, dal senso civico del limite, di responsabilità, di onestà. E' legittima l'ambizione quando è moderata dall'umiltà, la concorrenza quando è disciplinata dal rispetto delle regole e dei valori. L'inibizione di questa funzione è tipica degli individui coatti i quali rischiano forme patologiche dissociative esattamente come chi ne è dominato, ossia chi pretende di fare tutto quel che vuole. Qui parliamo di alterazioni, di squilibri, di quanto, nella giusta misura, sarebbe invece auspicabile. Un alimento è reso gradevole dall'armonia dei sapori mentre l'esagerazione di alcuni di essi, come il sale od il pepe, lo rende dannoso ed insopportabile al palato.

Anche la storia delle religioni è ricca di documentazioni su situazioni paranoiche. La teocrazia è stata sovente pretesto, con la scusa di difendere principi spirituali, dell'infantile desiderio di dominio di pochi. Il clima di caccia alle streghe dell'inquisizione (ed ogni religione o setta ha avuto in modo più o meno marcato le sue inquisizioni) ha come artefici i folli inquisitori preoccupati solo del potere dell'istituzione, del loro "ruolo importante" in essa, del bustino ideologico che reggeva il loro cervello. Il resto doveva essere travolto, ogni parola diversa messa a tacere (il fanatico ha usato la parola eresia o dissidenza per giustificare l'emarginazione ed il massacro). Ci si dirà: la tolleranza non deve dunque avere un limite? Il buon senso da solo suggerisce dove sta il limite: giustamente recita la massima: *"La mia libertà finisce dove comincia la tua"*.

La tolleranza dell'intolleranza può essere un male, poiché è una dismissione del lavoro sociale ed individuale di evitare che in sé e fuori di sé nascano prevaricazioni. Se si tollerano in sé il formarsi di atteggiamenti paranoici si finirà per giustificarli anche all'esterno. La libertà non significa " voglio essere libero di fare quello che voglio " (che è appunto il desiderio del paranoico il quale si lamenta dei giusti limiti che gli si oppongono), ma lo spazio del legittimo, di quanto non danneggia il prossimo e se stessi. Certamente l'essere comprensivi della umana fallibilità e limitatezza, che noi tutti sbagliamo, e continuiamo a sbagliare nonostante i nostri sforzi (perché è nella natura umana l'imperfezione), permette alla severità di non diventar cieca e che l' intolleranza all'intolleranza non si trasformi in un'ulteriore fanatismo (la rivoluzione francese è d'esempio). Nessuno , credo, deve essere demonizzato: c'è una storia spesso penosa alle spalle dei cosiddetti "mostri" della cronaca e della storia. La disumanità di alcuni non deve far perdere la mia umanità.

Nell'antica saggezza è detto che col male risalta il bene, e che in questa dialettica c'è un ritmo ed un significato nascosto ed il senso della libertà. Per i mistici e i filosofi come Socrate solo Dio (l'Inconoscibile, il Segreto) sa ciò che è bene in assoluto. Questo naturalmente non significa rinunciare a legittime demarcazioni, a fare delle scelte, a ricercare giudizi obiettivi sulle cose del mondo ma contribuire col pensiero e con l'azione ad un'onesta ricerca del benessere sociale (quando quello economico è collaterale ad altri beni valoriali). Se il mistico si affida con consapevole umiltà al divino, chiunque può rimettersi a ragioni sociali più ampie (in nome di una scienza o di una istituzione, da uno stato ad una scuola) di cui si sente parte attiva e responsabile, senza prevaricare su niente e nessuno. L'importante è saper dialogare, prendere consapevolezza di far parte di un insieme interagente, solo così si evitano le paranoie in noi e nella società con dispotismi politici o religiosi.

La psicologia transazionale semplifica didatticamente concetti psicoanalitici che richiedono una preparazione tecnica specifica. In questo modo permette a tutti di giovarsi di quegli strumenti psicologici per migliorare la propria vita: conoscere per modificarsi. Le transazioni corrette si instaurano quando ci si sente O.K. e si riconosce O.K. il nostro prossimo. Nei casi in cui si valuta se stessi o gli altri sfavorevolmente, si finisce per rendere distruttiva la relazionalità. Quando l'io si sente positivo e vede negativamente gli altri instaura un rapporto basato sulla supremazia: lo stato paranoico è caratterizzato dalla esagerata autostima, dal porsi al di sopra degli altri. Il paranoico considera positivamente il prossimo solo se pensa e fa quanto egli crede giusto. In altri termini: io sono O.K. e tu non sei O.K. Se lo schizoide (io non sono O.K. e tu sei O.K.) tende ad evitare le discussioni ed ad isolarsi, ad osservare con distacco se stesso ed il mondo per paura del coinvolgimento, il paranoico cerca la polemica e si butta nella mischia per essere il protagonista, per trionfare, per ottenere la supremazia: deve sentirsi il migliore.

Si è già detto come lo stato paranoico sia comune: esso nasce dall'infantile senso di onnipotenza vissuto da tutti in forme diverse, ci si ricordi o meno. Non è facile accettare quanto non ci aggrada, più facile è trasferire negli altri le nostre negatività, così anche le megalomanie, le prevaricazioni, le strafottenze tipiche della paranoia.

La gente, noi in quanto massa, ha bisogno di sentirsi normale usando comportamenti e pensieri diffusi e condivisi e cerca fuori di sé il diverso, il mostro, non solo per aggrapparsi a un senso di identità e per proiettare sull'altro i propri mali, ma per sfuggire dal confronto con il proprio inconscio, con quel mare dove bene e male non esistono, ma solo pulsioni ed ancestrali ricordi. Ognuno si porta dietro la propria ombra, l'umanità stessa ha un'unica ombra; poi gli individui, attraverso le loro caratteristiche acculturazioni, distinguono il giusto dall'ingiusto, il bene dal male, schierandosi secondo parametri quasi sempre derivati dai copioni infantili. Il tutto si riduce ad un fatto educativo, conscio e inconscio. Il delinquente, lo sfruttatore, il pedofilo, il magnate, il salvatore, la vittima e via dicendo sono il risultato di un processo che dalle prime relazioni con gli altri (in genere coi genitori) ha portato loro a sentirsi così, a farsi così. Anche il paranoico, scrive G.Mandel (dispensa universitaria) *era un bambino speciale (narcisista, ammirato dai genitori), o un bambino perfetto (perfezionista: allevato con rigidità), o ancora un bambino vendicatore (vendicativo: sfruttato ed umiliato dai genitori).*

Il meccanismo ripetitivo e massificante dei "copioni" può essere interrotto solo dall'Adulto, dallo sforzo individuale di uscir fuori dai circuiti viziosi e coatti della propria psiche. La libertà, quella vera e non quella illusoria delle propagande politiche e consumistiche, esige un impegno ed un'attenzione costante. Pensiamo a un mondo senza persone che sfruttano altre per i propri scopi e vantaggi, dove nessuno pesta i piedi al vicino ma si arriva subito all'accordo più ragionevole e più giusto, dove non c'è chi cerca di urlare per soffocare la voce dell'altro ma ci si rispetta vicendevolmente. Un mondo senza paranoie, un mondo libero. Intanto si può cominciare da se stessi. Non si combatte la paranoia con la paranoia, *"occhio per occhio e dente per dente e tutto il mondo finirà cieco e sdentato"* diceva Gandhi, né con atteggiamenti di perdonismo fallimentare. Solo l'adulto sa difendersi davvero e trova la via più efficace per ottenere rapporti e situazioni eque e giuste.

Nella vita di tutti i giorni, il ruolo sociale può favorire o meno gli atteggiamenti paranoici. Se l'insegnante si pone nei confronti dei suoi allievi su un piano esclusivamente genitore-bambino ed evita o addirittura si infastidisce di un rapporto adulto-adulto alla pari, alimenta un clima paranoico. Gli allievi devono essere per lui bravi, accondiscendenti e zitti oltre i limiti della ragionevole convivenza in classe. Questo pure per un medico nei confronti dei suoi pazienti, per un prete (od un imam) nei confronti dei parrocchiani, per un impiegato nei rapporti col pubblico, di un giudice, di un carabiniere, di un politico e via dicendo. Insomma vediamo all'opera il compiacimento di sottomettere gli altri, di vederli dipendere da se stessi. Quando ci si compiace del sentirsi i soli nel giusto e nella verità la paranoia si è radicata: gli altri non sono O.K. Un sentimento di esaltazione coinvolge il paranoico quando si pone come salvatore delle masse ma in realtà le disprezza e utilizza per sentirsi adulato. Mai si rimbocca le maniche per lavorare con gli altri quando si è sulla stessa barca che affonda, lui deve sempre essere al posto di guida.

Il paranoico, proprio perché si sente l'unico positivo (si identifica solo con i "grandi") va dritto verso la disfatta. Egli è solo ed interiormente pessimista per quanto all'esterno manifesti l'opposto, e si prepara un destino di abbandono derivato proprio dal suo "farsi largo" tra la gente, alla fine non gli rimane nessuno, emarginando anche i suoi fan poiché piccoli ed inutili. Pensiamo ai dittatori, da Hitler, a Napoleone e a Mussolini: vite spese per controllare che "tutto" fosse sotto di loro, ma poi "tutto" gli è crollato addosso. La sola autocritica che si concede il paranoico è vedere dove ha sbagliato in rapporto al conseguimento dei suoi obiettivi ma non in modo radicale, mai si spinge a domandarsi: < ma non sarò mica matto?>, fino a cercare un aiuto tecnico per risolvere i suoi problemi psicologici. Sentirsi O.K. significa accettarsi nei propri limiti e possibilità e sentire O.K. gli altri significa accettarli ugualmente nei loro limiti e possibilità.

Un fraintendimento comune è credere che il Tu sei O.K. significhi far passare tutto, perdonare e giustificare indiscriminatamente, vedere solo il buono negli altri. Mi viene spesso replicato all'argomentazione dell'altro come O.K. l'insostenibilità di accettare una figura come Hitler. Lui non era O.K., un anticristo ed un assatanato da odiare, aggiungono altri. C'è sotto una incomprensione. L'atteggiamento di chi imposta transazioni positive col suo prossimo è diverso dal giudicare tecnicamente l'operato ed il pensiero di una persona: la persona non viene giudicata nella "sostanza" ma in base al suo agire e pensare. Prendiamo il caso di Hitler: quanto ha fatto e detto è stato distruttivo per l'umanità ed è condannabile proprio per questo, ciò non impedisce allo psicologo di studiare la sua vita e capire il perché del suo comportamento (ottimo lo studio della Miller su Hitler nel bambino perseguitato"). Capire non significa giustificare. Non si condanna la persona ma un operato, e questo operato può e deve essere capito magari, quando possibile, per trovare i modi per modificarlo evitandone la ripetizione. Il fatto che il giovane Hitler fosse stato ripetutamente picchiato da un padre isterico, fino al punto di rimanere tre giorni in coma per effetto di una dose eccessiva di cinghiate, vorrà pur dire qualcosa nei termini di quanto ha fatto "da grande"!

L'ombra, il negativo, sta in tutta l'umanità e quindi in ognuno a cominciare da me stesso, non solo in Hitler o in Stalin, nel fascismo o nel comunismo, nel capitalismo, nei preti, nell'islam, negli ebrei o in tutti i capri espiatori che vengono in mente. Questa rigida dicotomia: il bene di qui ed il male di là, il bene sono io (o noi) il male è l'altro (o gli altri) è paranoica.

Al di là delle dogmatiche delle credenze e dei loro fanatici, le religioni sono anche pervase di buon senso e valore psicologico. Mi viene in mente l'episodio evangelico in cui gli apostoli discutevano su chi fosse il "più grande" tra loro poi messi a tacere da Gesù attraverso l'esempio, lavando loro i piedi: la grandezza sta nel servire il prossimo, far qualcosa di positivo e utile, anche in modo umile. Nello adith (detto del profeta) <Signore, proteggimi da me stesso> è condensato il succo di quanto esposto. Avere fiducia e stima di se stessi è fondamentale per una vita sana, ma ogni prevaricazione sul prossimo rompe gli equilibri. L'altro è degno di stima quanto sé stessi. Il detto evangelico <ama (meglio la traduzione "rispetta" in quanto il sentimento dell'amore non si può comandare essendo irrazionale mentre il rispetto è comunque agibile) il prossimo tuo come te stesso> significa riconoscere l'altra metà, il cui dialogo positivo è fondamentale per l'equilibrio e l'unità del sé.

L'istinto animale della lotta per possedere il branco ed il territorio è meglio lasciarlo alle bestie, che comunque hanno inconsciamente gli equilibri giusti per la sopravvivenza, fermandosi al momento opportuno per evitare l'autodistruzione della specie: l'evoluzione umana dell'impulso è l'essere vincenti nella vita senza abusare su alcun essere senziente. L'uomo è ormai fuori dal naturale meccanismo regolatore e solo grazie al suo senso civico restaura gli equilibri, solo grazie al senso della bellezza e dell'armonia evita l'orrore della distruzione. Se, nell'Islam si è spostata l'attenzione alla grandezza solo su Dio (Allah Akhbar) ad ogni flessione durante la preghiera, è proprio per evitare sentimenti paranoici da parte dell'uomo. Insomma anche nelle religioni c'è l'attenzione verso rapporti umani basati sul rispetto e sulla tolleranza evitando ogni forma di prevaricazione a guadagno di tutti.

Domanda) *Ma quando la paranoia in un soggetto diventa così forte da alterarlo completamente fino a doverlo ricoverare?*

Risposta) In pratica quando ormai non connette più e diventa fisicamente pericoloso per gli altri. Il delirio cronico di persecuzione diventa puramente ideativo, ossia fuori da qualsiasi motivazione plausibile e realistica, e le sue manie di grandezza lo portano ormai a identificarsi se non al classico "Napoleone" a personaggi mitici e divini. Tra i sintomi quando il soggetto gode della sofferenza degli altri, persone e animali e cova desideri di vendetta (anche qui immotivati o spropositati) contro qualcuno o contro qualche categoria sociale (gli stranieri, i barboni, gli zingari, le prostitute, i comunisti, gli ebrei, i ricchi eccetera) , molti serial killer rientrano in questo quadro clinico. V'è da dire inoltre che le formule definenti i vari disturbi psichici non sono come quelle delle malattie fisiche dove l'eziologia è concreta. C'è sempre una relatività dovuta al sociale e alla sua cultura la quale può addirittura assecondare e incoraggiare comportamenti devianti: persone potenzialmente da ricovero, borderline ancora non completamente staccati dalla realtà, possono diventare guide di nazioni ed essere da esempio con effetti devastanti

USCITA DAL MONDO DEI SOGNI

"Dreams to reality", così si chiama un videogioco assai interessante: il protagonista impegnato in una ricerca sul mondo dei sogni "entra" in esso per conoscerlo direttamente, il problema è uscirne. E' un viaggio iniziatico in cui l'eroe deve superare molte prove facendo leva sull'abilità e sull'intelligenza nello sconfiggere i "suoi" mostri dell'inconscio. Le paure dell'inconscio: quella del vuoto, dei ragni, degli insetti, dei luoghi angusti o vertiginosi devono essere affrontate e vinte. Ci sono tutte le componenti della psicologia del profondo: il confronto con l'ombra, l'eroe, il fanciullo divino, l'anima (che emerge sia nella figura androgina dello sciamano sia nella fanciulla che si sacrificherà) gli istinti paranoici del male rappresentati dai suoi servi che utilizzano la violenza e l'astuzia per fini di potere. Una battaglia che si conclude superando le opposizioni (acqua e fuoco) ed integrando l'io . Le parti positive come le intuizioni vincenti (i folletti guida) e quelle negative come i mostri in realtà sono parti dell'io. Una volta che ci si è conosciuti il male è vinto dalla semplicità e non combattendo con la stessa violenza...

Prendiamo dunque spunto dal gioco per avventurarci nel mondo intrigante ed affascinante della psicologia e fisiologia del sonno, lo faremo attraverso una serie di concetti guida per formare un quadro generale di riferimento da cui si potrà partire per gli approfondimenti.

a) Ogni cosa sognata parla del sognatore. Anche un telefono, un amico e un parente, un albero è una rappresentazione di se stessi. Pur esistendo una simbologia universale, ogni simbolo è in relazione non solo con la storia della persona ma con il suo stesso stato fisico. Se il mare è un simbolo materno esso prende significati in relazione agli eventi individuali e ad eventuali patologie fisiche.

b) Nelle psicosi l'io interagisce non con la realtà oggettiva e convenzionale, col mondo esterno, ma con le rappresentazioni del suo inconscio, è come se stesse sognando, i deliri mostrano chiaramente questo stato. Se una persona equilibrata immagina o fantastica ne è consapevole, mentre lo psicotico confonde la sua immaginazione fantastica con la realtà, deve uscire dal mondo dei sogni. Forti emozioni, traumi, paure, la sua stessa concezione del mondo, ovvero una razionalizzazione inadeguata della realtà, gli impediscono di risvegliarsi. Anche le depressioni e le nevrosi, seppur in modo più lieve, stanno a significare una contaminazione del conscio con l'inconscio.

c) Nel gioco, ogni "caduta" del personaggio è abbinata al suono di un colpo. Sappiamo che il sonno può iniziare con una contrazione chiamata scossa mioclonica. Un leggero colpo apoplettico. Questo è dovuto all'aumento della attività elettrica dell'encefalo. Forse forzando le stesse intenzioni degli autori, essa indica che l'individuo non è più consapevole della sua immaginazione, non può quindi portare avanti il gioco.

d) Durante il sogno si verifica una cecità funzionale in tutti i mammiferi, passando la luce di una lampada sugli occhi di un dormiente le pupille non reagiscono. Gli altri sensi invece, olfatto e soprattutto l'udito rimangono attivi. Basta l'accenno di pianto del neonato a risvegliare immediatamente la madre od un fruscio a far balzare un felino dal sonno. I suoni usuali o abitudinari come la pioggia invece possono essere trasformati in "situazioni oniriche", così le percezioni tattili. Una mestruazione in una donna può trasformarsi, nel linguaggio onirico, in un camminare nell'acqua. Un braccio addormentato per una mancata irrorazione sanguigna dovuta alla posizione, può trasformarsi in un sogno in cui si è mutilati.

e) Il sonno è fondamentale per il benessere. La produzione di anticorpi aumenta durante il sonno profondo e si producono diversi ormoni per caratteristiche funzioni biologiche. La riserva amminica viene immagazzinata in specifiche cellule e zone cerebrali, un processo quindi ricostruttivo mancante il quale l'individuo si debilita sempre più. La stessa attività onirica funge da ammortizzatore di paure ed ansie, prepara l'io ad eventi traumatici (sognare la morte di un proprio caro). La privazione di sonno porta a stati di delirio, a situazioni psicotiche sperimentate in laboratorio. Persone che, per motivi ambientali o fisici, non dormono per diversi giorni consecutivi, finiscono per sognare ad occhi aperti fino al delirio: i confini si sono persi ma, in questo caso lo stato è reversibile, appena la situazione esistenziale si normalizza.

f) Le fasi del sonno sono registrabili con l'elettroencefalografo ed altri strumenti. Le onde alfa (il pennino le rileva con frequenze regolari e sincronizzate) sono emesse prima del sonno ma sono presenti anche negli stati di intensa serenità e di meditazione, le onde beta sono tipiche dello stato di veglia, quelle delta si verificano nel sonno profondo o senza sogni, detto rem, e hanno ritmi ampi e regolari mentre le theta caratterizzano il sonno rem, non più sincronizzate in quanto l'attività del sogno fa intervenire l'emotività, infine le onde gamma stanno ad indicare i momenti di tensione.

g) Mentre si sogna gli occhi si muovono ad indicare che il sognatore segue le sue scene. Anche gli altri mammiferi sognano e con loro tutti gli animali a sangue caldo, con ogni probabilità rievocano situazioni della giornata, e possono emettere mugoli e agitarsi rivelando emozioni e paure tipiche dei viventi nella lotta per la sopravvivenza (talvolta con veri e propri incubi o esternando mimiche che rivelano stati di benessere e felicità) emozioni che già Darwin aveva osservato ma oggi ampiamente documentate dalla letteratura etologica.

h) Ma cosa si sogna? Secondo certe scuole il sogno ha comunque un significato, per quanto possa sembrare irrazionale la sua trama. A mio parere la maggior parte dei sogni è poco interessante, associazioni di ricordi antichi e recenti secondo giustapposizioni forse casuali, più importante è lo stato interiore in cui si vive il sogno. Svegliarsi ansimanti come se sfuggiti ad un cataclisma rivela situazioni non di benessere, soprattutto se ripetuti. Un incubo ricorrente è come un problema che si ripresenta finché non viene risolto. Alcuni sogni sono rilevanti e devono essere interpretati, quasi mai, da prendersi come sono in quanto la logica dell'inconscio non è quella lineare del conscio. Soprattutto i simboli dei sogni spesso mascherano la verità, esiste insomma una censura dai contenuti variabili determinati dagli usi, costumi e credenze dell'ambiente sociale in cui il soggetto vive. Per cui se una donna indios non ha problemi nel sognarsi nuda una suora potrebbe mascherare il piacere di questa naturale libertà con una particolare simbologia. Il sogno può esprimere desideri repressi sessuali o sociali, invidie, gelosie, paure e rancori nutriti nell'infanzia o nell'attualità. Insomma tutto il vissuto emotivo della persona può entrare in gioco.

i) Freud (soprattutto nella revisione del Gutheil) e Jung offrono due modelli interpretativi dei sogni che si integrano a vicenda, importante è, attraverso esperienza ed intuizione, lasciare aperta l'interpretazione di ogni sogno in rapporto alla singolarità del sognatore. In altri termini non si deve forzare la spiegazione in parametri obbligatori né escludere altri possibili significati. Ci sono sogni che sembrano fatti apposta per il modello freudiano od junghiano, altri in cui è necessario oltrepassare ogni griglia. L'arte di non essere prevenuti è necessaria anche nella interpretazione dei sogni.

l) Situazioni particolari possono influire sul contenuto del sogno. L'essere andati a letto dopo una cena troppo abbondante, dopo aver visto un film thriller che ha rievocato paure ancestrali o preoccupazioni attuali, con la febbre, dopo aver passato una giornata in un ambiente pieno di tensioni, oppure un letto pieno di cimici o di pulci, come succedeva spesso in passato o in luoghi del terzo mondo, non favoriscono certo un buon sonno (i nobili, prima di coricarsi, mandavano un servo nel proprio letto per far rimpinzare a sufficienza gli insetti!). Il sogno è sempre la risposta dei vissuti del soggetto, è come se l'inconscio cercasse di chiarire a se stesso le situazioni. L'interpretazione conscia serve appunto a portare a galla i veri significati affinché l'io possa risolvere eventuali conflitti e disagi.

m) Normalmente durante il sonno rem il corpo è come paralizzato, tutta l'attività è psichica. Nei casi di sonnambulismo, invece, il corpo si comporta come nel mondo diurno, per cui si alza da letto e si muove. Squilibri che mostrano come l'inconscio reagisce al mondo esterno-sensoriale senza bisogno del filtro della consapevolezza. Lo psichiatra S.Dunkell racconta che durante la guerra un soldato addormentato vicino a lui, si alzò pronunciando il nome "Collins Avenue", ricadendo immediatamente a dormire. Un altro soldato addormentato, a sua volta si eresse dicendo "Hai detto Collins Avenue?" per poi ritornare supino, l'indomani nessuno dei due, ricordò qualcosa del loro strano dialogo. Al contrario, altre rare volte il corpo rimane nel mondo notturno, immobile, anche se il soggetto si è svegliato, può sembrare una battuta ma è come se una parte volesse ancora dormire infischiandosi dell'altra, quella mentale coi suoi impegni di lavoro.

n) L'ipnosi è uno stato indotto, simile al sonno, in cui il soggetto reagisce obbedientemente alle provocazioni del terapeuta. Sia nella politica come nelle vendite commerciali si fa largo uso di suggestioni (combinando immagini e parole) per indurre quel leggero stato ipnotico che disarma il senso critico e le difese consce del soggetto. Stati ipnotici sono anche allucinazioni di massa, ufo e apparizioni di divinità e possono manifestarsi nei soggetti deboli davanti a capi religiosi, politici o divi dello spettacolo.

o) Durante il sonno l'erezione del pene si verifica anche a prescindere da bisogni sessuali, soprattutto nel periodo rem più lungo, del primo mattino, e ciò è indipendente dalla pressione della vescica. In generale il sonno rem è abbinato all'erezione, salvo incubi o situazioni di impotenza biologica rare che la inibiscono. I neonati passano fino l'ottanta per cento del tempo in fase rem ed in stato di erezione (quelli prematuri). Per tutta la vita l'erezione accompagna l'uomo nelle fasi rem, questo vale anche per la donna, verificabile nei casi di dilatazione congenita della clitoride. L'emissione del liquido (spermatico nell'uomo) durante il sonno è dovuto ad un naturale ricambio quando non c'è un regolare rapporto sessuale e spesso è associato a sogni erotici.

p) Il bisogno della tana, del giaciglio per dormire è tipico di molti mammiferi. Tra le scimmie ominoidee, come i gorilla è particolarmente accentuato: essi lo delimitano con larghe foglie e rami, creano una sorta di cerchio magico che indica una proprietà privata insormontabile. I senzatetto, hanno particolare attenzione per il giaciglio, usano cartoni e stracci, in luoghi da loro privilegiati. Alcune persone prima di coricarsi hanno bisogno di particolari rituali che possono essere sintomo di nevrosi se non di psicosi. In genere una persona equilibrata non ha nessun problema nel dormire in qualsiasi letto o situazione, soddisfacendo volontariamente semmai qualche cura igienica, come lavarsi i denti od una doccia quando può.

q) Le posizioni che si assumono quando si dorme non sono casuali, né rispondono esclusivamente al bisogno di trovare quella migliore a livello fisico. Ciò succede solo quando il soggetto accusa dei dolori. Le posizioni preferite, dominanti in tutto il corso della notte esprimono quegli stati psicologici con cui si affronta anche la vita: di paura, di attacco, di controllo, intellettuali...posizioni che cambiano durante una terapia psicologica a dimostrare il legame esistente tra questo tipo di gestualità e gli atteggiamenti psicologici esistenziali. Hanno dunque un linguaggio, un loro significato.

r) Il personaggio del gioco viene iniziato durante il suo viaggio nel mondo dei sogni. Gli sciamani erano addetti a far da tramite col mondo dell'inconscio popolato dagli spiriti, quell'Aldilà inaccessibile ai comuni mortali, non di rado facilitavano queste "entrate" nel mondo dei sogni con l'uso di droghe a scopo rituale. L'iniziazione comunque era connessa ad una perdita di coscienza per stabilire il contatto con lo spirito o l'animale guida. Nelle forme più elevate non si cadeva in stato di trance, ma l'individuo consapevolmente passava da una soglia all'altra, come ancora succede nel sufismo durante lo dhikr.

s) Tra lo stato di veglia e di sonno c'è uno stato intermedio, quel dormiveglia in cui molti artisti e scienziati hanno trovato il massimo della creatività, le intuizioni più importanti. Quell'anticamera dell'inconscio che permette il passaggio di informazioni tra i due mondi, dei segreti custoditi dal sogno che il gioco simbolizza con facoltà magiche. Indubbiamente l'energia e le possibilità dell'inconscio sono straordinarie e si può utilizzare molto di più di quanto si fa normalmente. Tecniche come il training autogeno o della psicologia dinamica possono aiutare a questo scopo, ma anche le antiche tecniche dello yoga o dello zen , il cui fine era quello di mettere l'individuo in armonia con il Tutto.

t) Nel sogno i confini della vita individuale sembrano dilatarsi. Ci sono diversi studiosi, psichiatri di tutto rispetto come I.Stevenson e S.Grof, che accettano la possibilità che il sogno riveli frammenti di altre vite passate, di telepatia e percezioni del futuro. Il un libro divulgativo di medicina di C.Barnard e di J.Illman ("La macchina uomo" Rizzoli 84, pag.243) si racconta di " Omm Seti, nata a Londra nel 1904, la quale cadde dalle scale a tre anni rimanendo in fin di vita. Si riprese ma da allora in sogno ebbe vivide immagini di un tempio egiziano che sentiva essere la sua casa. Alla fine andò a vivere in Egitto, ad Abido, dove sorge il tempio di Seti, il tempio dei suoi sogni: Benché non avesse mai sostenuto di essere stata una sacerdotessa egiziana, la donna sentiva di essere ritornata all'amata casa perduta da tempo. Comunque sia, rimane il principio terapeutico che tutto quanto si sogna è in relazione alla vita individuale senza escludere altre possibilità.

u) I sogni possono talvolta non essere diversi dalle esperienze cosiddette "premorte" dove il soggetto ha sovente visioni metafisiche che comunque ricalcano il modello della sua cultura di appartenenza, insomma inferni con diavoletti e fiamme, paradisi con nuvolette e madonne per un occidentale e Asura, Buddha o divinità con dieci braccia per un indù. L'ultraterreno ha come archetipo universale unificante solo la luce e simmetriche convergenze di suoni e spazi. I contenuti sono variabili da cultura a cultura.

v) Una volta si credeva che il sonno fosse semplicemente l'assenza dello stato di veglia, non essendoci gli stimoli della vita diurna. Ora si sa che l'alternarsi della veglia e del sonno è regolato da due sistemi antagonisti siti nel tronco encefalico (l'ascendente reticolare mesencefalopontino e ipnogeno bulbare). Se non esistono fattori emotivi o patologie di svariata natura, situazioni impedenti esterne, il meccanismo regolatore elettrochimico dei neuroni antagonisti agisce spontaneamente, si sono registrati casi di soldati addormentatisi nel bel mezzo di battaglie tra le trincee. Il processo inconscio-biologico degli stati veglia-sonno può anche essere pilotato consapevolmente come il battito cardiaco. Sia nel tantrismo, nello zen, nel sufismo determinate pratiche di consapevolezza, rendono possibile il processo.

z) Alla fine del viaggio il protagonista del gioco ha portato i due mondi in una sola realtà. Ordinariamente tra i due stati esiste una barriera insuperabile, la coscienza e l'incoscienza. Alcuni psicoterapeuti nel loro training hanno conosciuto invece la continuità dell'io, della consapevolezza dallo stato di veglia a quello di sonno, fino al punto di intervenire nei sogni, spiegandoseli entro lo stato stesso: insomma non più due mondi divisi ma due condizioni che interagiscono tra loro ed in cui si passa alternativamente senza rottura. Dalla luce diurna a quella notturna, dal mondo esteriore a quello interiore, con naturale dolcezza. La confidenza verso questo mondo misterioso è il primo passo per cominciare l'avventura.

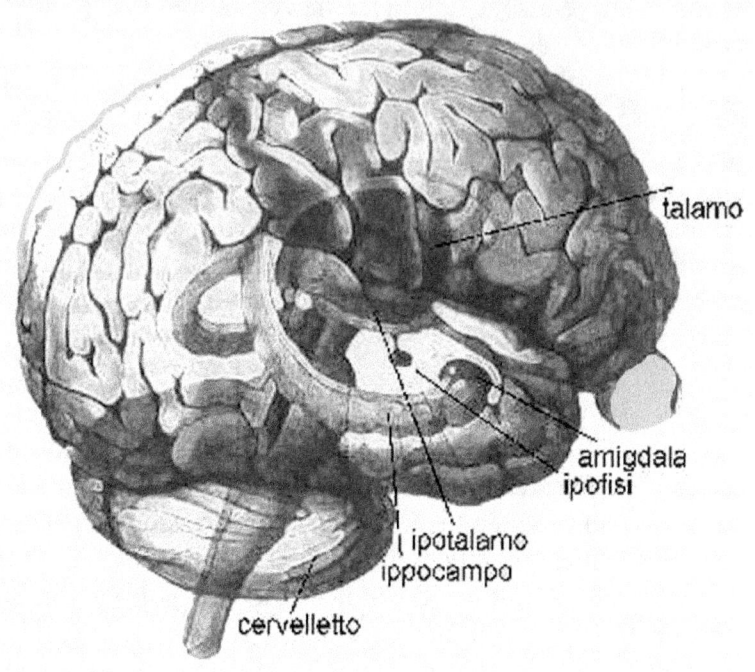

Il sistema limbico, sede delle emozioni e dei sentimenti, comune a tutti i mammiferi . Quel che distingue l'uomo dagli altri esseri non è certamente il provare piacere e dolore, caratteristica che già si delinea a livello cellulare (anche un protozoo si ritrae davanti a una sostanza nociva ed è attirato da quelle che lo possono nutrire) né a livello emotivo dove soprattutto i mammiferi manifestano gli stessi sentimenti di affetto o di ostilità, né ancora sul piano razionale in quanto la ricerca di soluzioni nuove di adattamento e per risolvere i problemi di sopravvivenza anche utilizzando strumenti è comune in natura. Anche le pulsioni terziarie arte, fede e civismo sono già più o meno abbozzate o strutturate tra le specie. E' lo straordinario sviluppo dell'area del linguaggio, la capacità di ricostruire mentalmente e simbolicamente il mondo a far dell'uomo quello che è, nel bene e nel male.

CORPO, PSICHE ED ANIMA

Ognuno di noi reagisce a quanto sente e vede in base alla sua visione del mondo, alla sua programmazione mentale, per cui, davanti allo stesso evento, basta poco per far storcere il naso ad uno e per far annuire contento l'altro. L'argomento si presta a posizioni divergenti ed è bene che ci siano, almeno quando non sono dettate da assunti dogmatici. Certamente è ormai alle spalle un mondo medievale in cui ogni ricerca sul piano scientifico e spirituale era criticata in base ai testi sacri ed ad una tradizione religiosa. Persone come Galilei e Giordano Bruno, Averroè ed AlAllaj sono solo le punte emblematiche di situazioni generali in cui la libertà di pensiero, la ricerca della verità senza nessun limite, erano visti di malocchio. La paura che si possa perdere qualcosa (un mondo di credenze in cui la fantasia e l'emotività si ritrovano), tipica dell'io bambino, e un impianto ideologico ormai ripetuto da generazioni e per questo ritenuto indiscutibile (tipico dell'io genitore) agiscono comunque ancor oggi poiché è difficile dare l'ultima parola all'io adulto, rinunciando ai pregiudizi, alle opinioni comuni, alle pressioni di chi vuole che si pensi in un modo o nell'altro. Psicologia, antropologia, sociologia, filosofia, ma in fondo tutte le discipline umane le quali hanno una unica matrice, la ricerca di capire, si domandano: chi è dunque l'uomo al di là di quanto è stato detto da tutte le religioni e da tutte le ideologie?

L'uomo è stato definito di volta in volta un animale culturale, razionale, politico, spirituale ... insomma si è utilizzato sempre un aggettivo per differenziarlo dalle altre specie. Per qualche inibizione di carattere culturale l'uomo ha avuto paura di definirsi semplicemente "un animale": questo non significa essere atei o materialisti, non credere al divino nella natura, ma accettare la realtà di base umana. Freud ed ancor prima i sufi nel medioevo avevano visto bene: la sovrastruttura morale (altra cosa è l'etica fondata sulla ragione) od il super-io (meglio l'esteropsiche) nell'uomo si sono sviluppati in modo tale da entrare in conflitto con la corporeità e con l'istinto, l'emotività, l'affettività che sono caratteristiche di ogni mammifero. Uno "strappo" psicologico dalla natura che ha permesso, da una parte, una evoluzione culturale ma anche la perdita percettiva delle informazioni necessarie per essere in armonia con l'ambiente, (da cui le conflittualità psicologiche complesse, assenti negli animali). L'uomo ha finito per sentirsi diverso dalla natura, ormai relegata a oggetto da sfruttare, credendo d'esser nato dal suo stesso mondo immaginativo e culturale; di questo passaggio separativo graduale sono rimasti archetipi profondi : la Terra (madre natura) e il Cielo l'uno a ricordo della continuità vitale e l'altro dell'origine dei sentimenti spirituali (poi fissati in schemi genitoriali). Molti studiosi, sociologi come Sabino Acquaviva e psichiatri come Reich e Lowen, hanno affrontato questa dicotomia dell'essere umano, un problema che investe tutta la vita sociale, le civiltà e le culture.

Gli aspetti ideologici hanno finito per negare non solo le regole di autoconservazione della specie, ma la stessa ragione, che dovrebbe colmare il divario riprendendo in modo consapevole quanto l'istinto suggeriva. Il comportamento irrazionale ed autodistruttivo dell'uomo si rivela nell'assenza di strategie di sopravvivenza: egli è un organismo ospite di un organismo più grande, l'ambiente naturale, ma non si muove in armonia con esso, anziché regolarsi, lo invade e devasta, senza pensare che finito il suo ambiente, finisce anche lui. La riproduzione negli altri animali è in rapporto alle risorse (strategia k), non eccede e quando ciò accade (penso ai lemming) intervengono sinergicamente fattori interni (suicidio di massa) ed ambientali che riequilibrano i rapporti (strategia r). Nell'uomo la regolamentazione naturale non avviene, le motivazioni per generare erano dettate da calcoli economici (più braccia contadine per sfruttare la terra) o preoccupazioni individuali (tra tanti figli che metto al mondo qualcuno penserà a me quando sarò vecchio, da condizionamenti culturali (il prestigio di avere tanti figli soprattutto maschi) ed ideologici (avere una popolazione numerosa da sacrificare nelle guerre di conquista, si pensi al fascismo) o perfino per seguire dettami dei libri sacri, evidentemente circoscritti a situazioni specifiche (andate e moltiplicatevi...). Ci sono inoltre delle motivazioni inconsce, casistica della psicologia clinica: avere figli per sfogare in essi le proprie frustrazioni. Lo slancio vitale , il bisogno di esprimere l'amore e la speranza che è connesso alla procreazione, è una realtà bellissima, ma non è comune. W. Reich non è stato l'unico a riflettere sui segni che rivelano se una persona è nata per "piacere", per "calcolo" o per "amore", pensiero considerato di tipo magico da studiosi positivisti ma secondo altri psichiatri del tutto legittimo e razionale; rimane comunque da constatare l'ampio ventaglio di motivazioni per avere un figlio. La frequenza di nascite senza amore o forzate ha comportato spesso morte, conflitti tra uomini e sempre distruzione dell'ambiente, nella illusione che le risorse siano illimitate o qualcuno dall'alto compia il miracolo di allargare i confini del nostro pianeta. Nei paesi ricchi dove la popolazione è stazionaria o sta invecchiando si ha la preoccupazione di veder calato il benessere: più anziani da sostenere e minor gettito dalla ridotta popolazione lavorativa: il quadro mondiale complessivo delle nascite non può essere taciuto per via della forte domanda di immigrazione dai paesi sovrappopolati: la popolazione aumenta di 70/80 milioni (calcolando nascite e decessi) all'anno, ma con essa diminuiscono e vengono rovinate, talvolta irreparabilmente, le risorse ambientali. Nel film fantascientifico Matrix il personaggio virtuale dice all'uomo: *"vi abbiamo studiato a fondo e l'unico essere sulla terra che vi assomiglia è il virus: come i virus vi riproducete fino a distruggere l'ambiente che vi ospita ed allora ne cercate un altro per continuare lo stesso processo. Quando ogni ambiente è distrutto anche l'organismo ospite morirà."*

L'uomo si è fatto largo tra le altre specie, ha distrutto il loro habitat per il proprio, al posto delle foreste e delle praterie sono nate altre foreste di cemento e asfalto e mattoni, industrie e non di rado il vantaggio immediato è superato dagli effetti distruttivi sull'ambiente. Non solo: " l'uomo bianco" ha eliminato tutti quei suoi simili che vivevano in modo diverso dai propri modelli e spesso in equilibrio con la natura. Non bisogna avere nessun rimpianto per essere usciti da stadi primitivi ma non si deve dimenticare che, strada facendo, si sono perse qualità indispensabili alla sopravvivenza. Scienziati come J.J.Cousteau o J. Piccard (le sue previsioni dell'impatto distruttivo dell'uomo sul pianeta erano troppo immediate, ma non per questo prive di fondatezza) sono stati pionieri dello studio degli effetti negativi dell'agire umano sull'ambiente e del progressivo depauperamento delle risorse. Se l' allarmismo emotivo è nocivo lo è altrettanto la leggerezza di chi fa affidamento sulla onnipotenza della tecnica, sulla capacità di adattamento, sul fatto che c'è ancora "spazio" naturale. Si consideri una ninfea, diceva J.Piccard, che si duplichi ogni giorno in un lago, il secondo giorno ne avremo due, il terzo quattro, il quarto otto, fino a che il ventinovesimo giorno metà del lago sarà coperto: gli osservatori del penultimo giorno potranno asserire che c'è ancora tanta acqua libera, ma il giorno dopo...

A bilanciare il lato distruttivo umano lo sviluppo delle pulsioni terziarie: arte, fede (che non è credenza religiosa) e civismo, purtroppo spesso limitato da comportamenti irrazionali. Il perché nell'animale uomo domini così tanto l'irrazionalità, si può scoprire anche partendo da comparazioni con le altre specie ed osservando le sue specifiche evolutive. Il libro "L'anima irrazionale" di Danilo Mainardi, etologo dell'università di Venezia, parla proprio di questo, lo studio affronta dal punto di vista etologico il problema dell'anima, partendo da dati comparativi del mondo animale, in cui si inscrive evolutivamente anche la vicenda umana, l'autore dimostra che la geografia interiore di paradisi ed inferni, insomma dell'Aldilà, compresa la fenomenologia della superstizione, fa parte di una mappatura animale, materiale: ineccepibile, ma rimane il fatto che il problema non è risolto, esattamente come nessun metafisico lo ha risolto partendo dall'alto. Va bene sgombrare il terreno dalle rappresentazioni popolari ed ingenue della Trascendenza, quelle che il Corano ed il Vangelo chiamano favole simboliche o parabole, ma concludere dicendo più o meno esplicitamente che la fede e dunque Dio sono una pia illusione, non è consequenziale, né logico né scientifico. E' come chi considerando gli ultimi oggetti visibili dell'universo nel tempo e nello spazio trova la prova della finitezza del medesimo. L'unica prova è che non si può vedere oltre, non che non esiste l'oltre. A livello di ragione non si può sopravanzare i dati materici, affermava correttamente Kant, ma Dio e l'Anima a livello razionale sono inconoscibili (non le immagini di paradisi ed inferni, mondi spiritistici e parapsicologici, che i mistici come Rabi'ah avevano considerato illusoria spazzatura materiale già mille anni or sono). L'inconoscibilità non significa non-esistenza dirà Spencer, anzi è il termine precipuo del divino.

Partiamo dal fatto che la materia organica, come dice l'autore, è diventata consapevole a poco a poco negli animali ed in modo particolare, tra essi, nell'uomo. In una immagine più poetica, ma non impropria, l'universo riflette se stesso nell'uomo, diventa consapevole. Materia consapevole. Questo cosa significa? E qui c'è il problema, a mio giudizio: la consapevolezza dell'essere è materiale o piuttosto è l'essere che ritorna a se stesso in modo autoreferenziale? Ovvero, secondo la sintesi di Ibn Arabi: *io ero un tesoro nascosto ed ho creato l'uomo per essere conosciuto.* Un altro filosofo, Friedrich Schelling considerava la natura come spirito pietrificato e lo spirito come materia sublimata. Insomma è il problema dell'uovo e della gallina, a cui rispondeva Giordano Bruno: "Chi è nato prima?" Nessuno è nato prima, vi è una coesistenza di due infiniti in una unica realtà.

C'è una domanda che si ripetono gli uomini: come è possibile che questo universo, la materia, l'energia in definitiva, abbia prodotto la consapevolezza dell'essere? Dalla eterna notte di questa energia inconsapevole come può nascere la luce della consapevolezza? Da un qualcosa che non dovrebbe neppure esserci, come un sasso gettato nel nulla in eterno, si crea una immensità di consapevolezza. Come è possibile? Questo universo di per sé, collocato in termini di finitezza, non ha senso che esista, allora deve esistere qualcosa che dia a lui un significato che non ha (che è poi quanto diceva Anselmo d'Aosta). Tutte chiacchiere dice il materialista, c'è solo questa energia ed il resto è illusione. Ma sono davvero illusorie queste domande? E qui non c'entra la speranza di superare i confini della propria individualità, coniugata alla paura della morte immaginando l'Aldilà, sono domande della ragione che non hanno risposta. Il fatto che il senso di autoconservazione si sublimi primitivamente nelle credenze dell'Aldilà non significa che il problema non abbia la sua razionalità pur essendo irrisolvibile da essa. E' la ragione, dunque, che si domanda sulla possibilità dell' esistenza di Dio e dell'anima: sarebbe comodo risolvere tutto con un pregiudizio di negazione o di affermazione! Semplicemente la ragione non ci arriva .

Da parte mia credo ragionevole quello che diceva Einstein: mettiamo viti e bulloni, martelli, cacciaviti ed insomma tutto quanto serve a costruire un aereo in un hangar mosso da potenti molle alla base: anche dopo miliardi di anni non si formerà un aereo. Insomma, il caso, le combinazioni avrebbero costruito l'elica del DNA le sue sequenze atomiche, i processi della vita come quello di Krebs? Trovo ragionevole credere che l'energia abbia un senso, a una intelligenza divina che regola con le sue leggi l'universo, l'evoluzione materica e biologica. Abbiamo un'anima che ci permette di intuire, percepire fino a immergerci in questa infinità. Certo il materialista trova più ragionevole considerare tutto nato dal caso ed esistente per caso, ma nessuno può dire "il problema è risolto facilmente", "io ho capito la verità assoluta". Non si può riflettere serenamente basandosi su un preconcetto da difendere. Se il dubbio è giusto in un credente, è giusto anche per un non credente, il resto è fanatismo e ristrettezza mentale sia tra i cosiddetti credenti come tra i non credenti. Più che alla ragione l'ultima parola va data al sentimento

Legittima invece, la critica ad una cultura che, almeno fino a pochi decenni or sono, aveva staccato l'uomo dal resto della natura come se questo non avesse le funzioni biologiche e comportamentali (seppur più complesse) di tutti gli altri animali, o all'opposto lo aveva ridotto ad uno studio genetico allo stesso livello di un'ameba. Anche l'aspetto culturale fa parte, con quello biologico, di una continuità evolutiva e comparativa con le altre specie. Del resto la cultura occidentale é stata condizionata da una teologia antropocentrica, che ritiene l'universo finalizzato all'uomo e non a Dio stesso (con tutte le sfumature varianti che ha assunto il concetto dell'Assoluto). Non mancarono movimenti, da quello francescano (si pensi a Bonaventura) a quello illuminista, in continuità col sufismo, a ricordare invece, come la natura si volge necessariamente alla sua mistica origine. Certo è che, detto molto semplicemente, se Dio non riuscisse a concepire qualcosa di più elevato dell'uomo (una creatura capace sì di cose straordinarie come la Pietà di Michelangelo , la Divina Commedia di Dante o il Mathnawì di Rumi, ma anche di distruggere il suo pianeta con la stessa furia incosciente di un virus) sarebbe alquanto limitato. Questo, ovviamente, non considerando le indefinite possibilità dell'uomo, in mano alla sua libertà di scelta, che pur esiste in mezzo alle pressioni genetiche ed ambientali. Rumi considerava l'uomo solo uno stadio evolutivo illimitato ma già capace di percepire l'infinito, questa percezione rende tutte queste preoccupazioni sul finito irrisorie, ma l'uomo vive in esso e non può non parlare in termini di finitezza.

Il fenomeno di conservazione psicologica della propria specie in mondi immaginari sarebbe riprodotto con ogni probabilità da altri animali una volta sviluppate certe caratteristiche di astrazione. Il salto qualitativo sta nelle pulsioni terziarie tra cui la fede (la quale non è credenza di un certo mondo spirituale coi suoi dei e paradisi, ma senso dell'eternità, del significato divino della vita) . Con la fede anche l'arte (il senso della bellezza) e civismo (il senso della giustizia) hanno certamente una vicenda biologica alle spalle che si potrebbe spiegare anche come la ricerca della natura di ritrovare quel suo significato nascosto dal suo stesso materializzarsi. Da forme materiali, grezze, meccaniche a forme e astratte, questo senso si va maturando, compiendo, come il disegno di un tappeto nodo dopo nodo: l'energia diventa materia inorganica , la materia inorganica si trasforma in organica e già nel suo agire e pensare (attraverso i mitocondri che hanno nella cellula questa funzione trasformativa) ritorna energia consapevole. Nel tragitto evolutivo guidato dalle proprie leggi, l'energia finisce per "riprendere consapevolezza". Dal sentire biologico (il dolore ed il piacere provato da tutti gli animali) a emozioni sempre più complesse, dalla paura all'affetto, fino alla riflessione razionale sul proprio esserci e alle espressioni straordinarie nella cultura delle pulsioni terziarie c'è disegnata una via. Un meccanismo inconsapevole, casuale, può produrre la consapevolezza? Ma ovviamente ognuno deve interrogarsi da sé ed ogni risposta è da rispettare.

Si sa che le tendenze artistiche, religiose, civiche hanno una loro impronta genetica e anche potendo ricreare tutto un cromosoma con queste tendenze in un buon corredo intellettivo, come i biologi già prospettano, per poi inserirlo con successo nel patrimonio genetico di uno scimpanzé, non verrebbe dimostrato che tutto si riduce ad un meccanismo materiale senz'anima? Questi geni possono dimostrare anche il contrario: la natura è mossa da leggi intelligenti e dispone i suoi atomi secondo certe auree sequenze in modo da rispecchiare percezioni sublimi della realtà. E' un processo spontaneo quello verso la vita e l'intelligenza che si svolge in tutti i mondi: la consapevolezza dicono i mistici, sta prima ancora di essere espressa in questa o quella creatura la quale ne è solo un segno, un fenomeno. Sarà per alcuni solo una supposizione in cui si sono ritrovati altri, da Plotino ad Einstein, che può o non può essere intuita, o essere scartata dicendo che nasce solo per eludere una prospettiva di annullamento dell'individuo, per trovare significati in realtà esistenti. Ma ad ognuno il suo ben consci che non si è più razionali negando, essendo l'oggetto della riflessione, per natura, oltre la ragione.

La scienza è essa stessa speculare alle pulsioni terziarie: non c'è forse civismo nella ricerca medica per eliminare la sofferenza, nella tecnologia, ed in ogni branca del sapere? Non c'è forse arte in tutte le scienze compresa la loro trasmissione nell'insegnamento? E non c'è fede, seppur limitata, nel progresso, nell'uomo?

Gli uni diranno "Ecco come si manipolano dei dati scientifici oggettivi!" e gli altri "Ecco come si riducono gli assunti della fede!". Ma qui non c'è da accontentare nessuno: come già detto è solo una riflessione priva di pretese.

Da parte mia simpatizzo con chi ha momenti di dubbio sull'Anima partendo o da posizioni atee o da credente. Gli amanti si interrogano spesso sulla realtà del loro amore e dubitano spesso con angoscia se sono amati, ma non cambierebbero il loro stato biologico con niente, in quanto vivono una estensione di specie dall'intensità straordinaria dove gioia e sofferenza, certezza e dubbio si intessono, similmente il mistico: egli non ha dottrine su cui pontificare ma solo la certezza del vivere ed esperire la sua anima che non sa spiegarsi né con la scienza né con le dottrine, pur sapendo meglio di altri discernere in esse. Chi ha verità già fatte finisce per diventare un burocrate, di una dottrina religiosa o atea: ha rinunciato a mettersi in gioco, a ricercare. Questo rifiuto, che interrompe il dialogo intrapsichico, si estende agli altri, a chi cerca e domanda fuori del già detto: dalla "non comprensione" alla "persecuzione" il passo è breve. Purtroppo, la storia ne è testimone. L'assunto che solo nella scienza c'è verità, può essere nefasto quanto l'arroccamento nelle credenze dogmatiche e superstiziose. Accettare il lato mistico nell'uomo senza per questo ridurlo ad una strategia conveniente della specie, potrebbe risanare la frattura natura-cultura e ridare l'armonia, la pace, che l'uomo va cercando da sempre. Queste pulsioni terziarie, fede arte e civismo non lo staccano in un mondo illusorio utile alla strategia della sopravvivenza, ma gli confermano un mondano illusorio dove tutto è realmente transitorio e separativo. Solo il sapere coniugato alla bellezza, alla giustizia, all'amore viene sentito degno, l'unico capace di unire e di rimanere nel cuore della specie e della natura. E gli effetti non sono forse questi? Un'opera come la vergine delle rocce di Leonardo, il Mosè di Michelangelo, La Divina commedia di Dante, Il Mahtnavi di Rumi, Santa Sofia o la cattedrale di Canterbury, la teoria della relatività stessa ma anche un Vangelo ed un Corano derivano la loro universalità da un'ispirazione, da una intelligenza che supera i confini individuali. Poi ognuno è libero di credere che sia solo una illusione della specie umana, una illusione però capace di far esprimere le cose migliori dell'uomo nell'arte, nella musica, nella letteratura, nel pensiero coinvolgendo tutto il sentire del corpo e cogliendo, forse, il significato stesso dell'essere umani.

Domanda) non c'è il rischio di fare antropomorfismo quando si attribuiscono emozioni e comportamenti agli animali?

Risposta) Se pensiamo a quei film alla Walt Disney, per quanto carini, che umanizzano gli animali, ci si trova di fronte a caricature. Eccessivo però è anche quell'atteggiamento comportamentista in cui è caduto le stesso Skinner, dove si demonizza ogni soggettivismo ed introspezione, perfino termini come coscienza ed inconscio diventano eresie. La conoscenza diretta della psiche, anzi, non può non essere soggettiva: soggettiva è pure l'empatia, ossia l'immaginare cosa sente l'altro, sia esso un essere umano che un animale. La cultura procede anche attraverso la capacità del cervello di ricostruire quanto provato dagli altri, i bambini autistici devono i loro problemi, per quanto se ne sa, proprio alla mancanza di questa capacità. Ovviamente non si può lasciare tutto all'intuizione, c'è una verifica ed un ragionevole valutazione che evita di proiettare in modo improprio i nostri sentimenti "sugli altri esseri senzienti che condividono con noi le stesse emozioni umane" per dirla con Charles Darwin (che non era certo un sentimentale). Le suggerisco di leggere il testo dello psicoanalista J.Moussaeff "il maiale che cantava alla luna", anche se non condivido il suo vegetarismo ad oltranza.

Domanda: il senso civico nasce dalle regole del branco ?

Risposta: certamente. Ma anche qui nell'uomo si innesta un senso di giustizia che va oltre i meccanismi utili alla conservazione della specie. Platone diceva che è l'idea di giustizia che porta a fare atti giusti, una idea che a poco a poco la natura riscopre in se stessa, svelandosi delle sue ombre. Non è ripetizione di un comportamento tramandato (di un super-io) ma la scelta più utile, saggia, umana che si adegua ad una universalità (libera dunque da egoismi e vantaggi particolari). Insomma: arte, fede e civismo pur essendo pulsioni bio-psichiche hanno una universalità che non si spiega solo con processi di astrazione. Esse ci conducono agli intimi significati della realtà.

Domanda: Come si spiega che certi individui perdono a causa di malattie o pressioni ambientali ogni dignità umana e vivono assenti a queste pulsioni?

Risposta: Poiché si interrompe il rapporto tra psiche, che è materiale, ed anima. Se ad un radar viene a mancare l'alimentazione non capta più nulla, se si rompono e scollegano dei pezzi riceverà male. Questo non significa che il radar non sia stato costruito per quella funzione e che i segnali da captare non siano reali. Così basta un ictus o un tumore nel cervello, una lesione, la mancanza di certe vitamine, una malattia degenerativa che distrugge la guaina mielinica come nell'Alzheimer, scompensi chimici nei neurotrasmettitori a determinare il distacco, talvolta irreversibile, da queste proprietà della natura umana. Stessi effetti della lobotomia: l'eliminazione meccanica delle percezioni umane profonde, inconsce.

Domanda: Insomma lei dice che c'è materia e c'è spirito... non si può fare a meno dell'uno e dell'altro anche se spesso i due litigano!

Risposta: Esattamente. Grazie. Il conflitto di cui parla è dovuto a errori educativi che anziché integrare l'istintualità la reprimono. Evidentemente non si può negare quanto esiste, esso si ripresenta prima o poi e chiede il conto. Quando il tappo salta sono guai, l'energia non può essere bloccata. Questo diabolico conflitto tra eros e civiltà, o tra io bambino ed io genitore, non è certo necessario, anzi dal dialogo si aprono possibilità evolutive illimitate, basta che sia guidato dall'adulto.

REALTA' CONVENZIONALE, SOGGETTIVA E OGGETTIVA

In psicoterapia, alla base di tutto, c'é il principio di realtà. Se vengono confuse le percezioni e i concetti sulla realtà la persona vivrà in modo dissociato o confuso ogni tipo di relazione con gli altri e con se stesso.

Ma cosa è la realtà senza scomodare i filosofi a complicare le cose? Solo alla fine del percorso terapeutico si possono apprezzare certe finezze, riflessioni come quella di Ciuang-tze, eminente pensatore cinese : oggi ho sognato di essere una farfalla poi mi sono svegliato e mi sono scoperto uomo ma chi mi assicura se in realtà non sono una farfalla che sta sognando di essere un uomo? All'inizio sono motivo solo di confusione. Quando il paziente avrà recuperato il senso dell'umorismo ed il modo giusto di vivere l'irrazionalità dello spirito potrà permettersi tutto il misticismo che vuole. Prima no, meglio che tenga ben saldi i piedi per terra abituandolo a distinguere la realtà dalla fantasia anche attraverso informazioni e precisazioni scientifiche (facendo leva sull'io adulto) e, col tempo, accompagnandolo ad apprezzare la letteratura fantastica. L'aspetto dell'io bambino non è infatti da sottovalutare, esso ha bisogno non solo di sentirsi guidato (mai controllato) ma di rivivere la giocosità e l'attività immaginativa, spesso persa per strada o mal vissuta. Quest'ultima riguarda la realtà soggettiva, quel mondo interiore e legato al piacere, di emozioni e di gusti, di fantasie. Qui non ci sono parametri condivisibili da tutti, a me non piacciono le lumache al forno, ma c'è chi ne va ghiotto, posso ritenere attraente una donna che ad altri pare insignificante o viceversa. La realtà oggettiva, invece, è quella misurabile e quantificabile, la materia insomma come un sasso che pesa tot, duro tanto da rompere un vetro se viene lanciato contro di esso. E infine definiamo realtà convenzionale quella attribuita alle cose, come il valore monetario di un'oncia doro o delle azioni sul mercato (chiamata anche realtà obbietiva , vedi di Gabriele Mandel il suo ottimo *alla ricerca dell'io* ed. IULM)

Per capirci meglio prendiamo dal portafogli una banconota da

20 euri. Questa banconota nella sua fisicità cosa è? E solo un foglietto colorato, leggero e rettangolare. Questa la sua realtà oggettiva. Ma è anche un pezzo di carta a cui stato attribuito un valore di scambio, vale 20 euri, le 40.00 lire di una volta, un valore provvisorio in quanto si può deprezzare: con 20 euri qualche anno fa si comprava qualche pagnotta in più. Prima o poi sarà sostituito da un'altra banconota dall'identico destino delle lire, ormai solo carta stampata, acquistando un altro valore, quello numismatico. Questa è la realtà convenzionale, ossia decisa dall'uomo il quale attribuisce valori alle cose. Infine, di una banconota si può apprezzare il manufatto, l'aspetto estetico o essere affezionati ad una moneta in particolare come Paperon de Paperoni lo era per la numero uno. Si tratta di realtà soggettiva, fatta di gusti ed emozioni. Anche l'oro, oggettivamente è solo un minerale (di scarso valore per alcune civiltà andine le quali davano ben più valore al ferro) ma nel mercato odierno misura la ricchezza degli stati e compiace chi ne apprezza i suoi manufatti. Insomma parlando di un medesimo oggetto ci riferiamo a realtà distinte. Vi siete accorti che parlavo di euri quando nella vulgata si usa il termine euro anche al plurale? Finché non sarà deciso ufficialmente (dall'accademia della crusca per esempio) cosa dire, trovo più corretto parlare di euri. Questa pure è una convenzione.

Ma andiamo oltre. Una persona per poter presentarsi come medico deve avere una laurea, insomma il solito pezzo di carta a testimonianza di capacità e conoscenze. Solo che un pezzo di carta preso in una università può rispondere oggettivamente ad un lavoro di preparazione diverso da un'altra università. Il divario di conoscenze ed abilità fornito da esse talvolta differisce parecchio eppure è lo stesso titolo. Ci sono medici, come del resto ogni tipo di dottore, da quello di informatica, allo psicologo e al letterato che pur possedendo il titolo non rispondono a oggettive capacità. Lo sanno bene negli USA dove è un conto prendere la laurea ad Harvard ed un'altra per corrispondenza anche pagando fior di dollari. Il primo viene assunto dovunque e al secondo riconosciuta solo la vanità del titolo e tanti saluti. Del resto a chi non è capitato di incappare in professionisti ignoranti come scarpe? Finché é un docente di Inglese a non saper parlare la lingua straniera, e talvolta neppure la propria, non muore nessuno ma se un chirurgo non conosce l'anatomia ci si trova davanti a un pericolo pubblico.

Insomma se non c'é corrispondenza tra valori convenzionali ed oggettivi si creano disagi importanti in tutta la società, un geometra o un ragioniere non dovrebbero avere un diploma con un curriculum di 2 di matematica ma succede. All'università, coi crediti, si falsa l'oggettiva preparazione del candidato sulle singole materie.

Si parlava di medici. Si può valutare di essi la capacità e la preparazione con un titolo di studio convenzionale (la laurea in medicina e chirurgia con voti tot) anche se il valore sarà deciso sul piano pratico. Come valutare però le qualità umane del medico? Se la professionalità è importante anche l'aspetto umano lo è altrettanto e sappiamo quanto. Non si guarisce solo per la medicina giusta e l'operazione corretta ma anche attraverso quei sentimenti di fiducia che certi medici ispirano. Un placebo dato da essi può far miracoli. Stiamo quindi parlando di realtà soggettiva. La deontologia professionale, pur basandosi su certe regole, coinvolge anch'essa un'opzione soggettiva e potrebbe riguardare il piano penale se infranta. Se il medico, irriguardoso del più elementare senso etico, fa operazioni inutili per aumentare i sussidi, significa non solo che sul piano soggettivo gli mancano quei valori che ci si attende da lui (la sensibilità verso la cura del prossimo, quel rispetto umano dovuto , senza pretendere la qualità eccelsa dell'empatia verso il paziente) ma che deve intervenire la legge perché la sua attività danneggia la salute e le casse sociali.

Prendiamo in considerazione anche gli insegnanti. Se manca la voglia di educare, l'amore per il sapere ed il condividerlo con gli altri, la sensibilità verso le problematiche giovanili, manca il lievito, non basta solo un bagaglio di istruzione. Insomma un po' di vocazione ci vuole. Si parla di valori soggettivi che oggettivamente si ripercuotono nella formazione dei giovani.

Infine i politici. E' inutile dire cosa dovrebbe essere la politica: il bene comune, innanzitutto. Vediamo invece le sue devianze e ognuno decida quanto sono diffuse. Nel suo apprendistato forense con Macrobio, sant'Agostino, prima di convertire il suo cuore, imparò che verità e potere non vanno d'accordo, importante non è difendere la verità, la realtà dei fatti, ma calcolare la versione e le interpretazioni più vantaggiose ai propri interessi, indipendente dal giusto o dall'ingiusto, dal vero o dal falso, l'importante é il tornaconto personale. Da sempre in politica i gabba popolo hanno avuto successo tenendo presente questa semplice lezione diabolica, una sorta di arte della falsificazione. L'innocente e l'onesto vengono accusati ed il delinquente fa carriera. I tempi da questo punto di vista non sono cambiati, anzi, attraverso l'uso dei media e con sofisticate tecniche psicologiche, i messaggi politici , alla stregua dei prodotti commerciali, vengono diffusi come cose buone tra la gente inconsapevole della falsità dei messaggi. Oggi più che mai una valutazione intelligente della realtà è indispensabile per sottrarsi ad un inganno martellante, recuperare l'adulto in un mondo che invoglia a lasciarci guidare dall'io bambino (si chiama psicolabilità, ma è apprezzata da venditori e plagiatori): il consumismo, i giochi di tutti i genere propinati dai media e diffusi nell'ambiente a cominciare dalle macchinette mangiasoldi, trasformano la realtà in un paese dei balocchi o della fiction, tutto induce a non pensare, a lasciare che altri pensino per noi e così va perdendosi non soltanto una democrazia, ma le capacità vincenti di avere una vita autentica e realizzata, a sentire nel proprio corpo ed ad agire di persona e non in un mondo virtuale schizoide come si sta sempre più delineando.

Ecco come politica e logica commerciale possono portar fuori dal principio di realtà. La realtà soggettiva è facilmente manipolabile e condizionabile quando non guidata dall'io adulto. Se è forse un'utopia la coscienza di massa e la sua liberazione, certamente non lo é quella dell'io, della singola persona, e questo importante. Quando il paziente comincia a lavorare su se stesso per ritrovare la sua identità, non solo riscopre il principio di realtà ma l'interesse di ricercare e di vivere fino a quando... Vi ricordate della farfalla?

EROS E LIBERTA'

Ci sono istinti, detti primari, indispensabili alla sopravvivenza dell'individuo. Su tutti il respirare: è così forte che si può trattenere il respiro fino a un certo punto dopo il quale prende il sopravvento. La fame e la sete esprimono il bisogno del corpo di assimilare quegli elementi di cui ha necessità (processo anabolico) mentre il defecare e l'orinare esprimono l'impellenza di eliminare dall'organismo le sostanze superflue e dannose (processo catabolico). La pulsione sessuale fa parte di quelle secondarie in quanto riguarda la specie, se non soddisfatta l'individuo non muore ma non può replicarsi. La pulsione quindi esprime il bisogno di sopravvivenza della specie. Ogni volta che abbiamo una eccitazione sessuale adesso sappiamo che i geni vogliono diffondersi.

Gli istinti sono inconsci, innati, non hanno il senso dell'umorismo (quello ce lo mettiamo noi quando scherziamo sul sesso e sui sessi), appartengono al corpo e solo in un secondo momento l'individuo ne prende consapevolezza. Il neonato quando ha fame cerca il capezzolo della madre istintivamente, se non lo trova piange per attirare la sua attenzione, il piacere che prova nel cibarsi placa il bisogno; la stessa dinamica vale per ogni istinto, tra cui quello sessuale. Il piacere è lo stimolo che porta alla soddisfazione di un bisogno, la sofferenza invece è la risposta al mancato appagamento. Sofferenza e piacere portano l'individuo a cercare l'oggetto di cui il corpo ha bisogno per i suoi fini. Respirare, dormire, bere, mangiare, orinare, defecare, amare sessualmente sono necessità fisiologiche. Anche se tra questi bisogni, qualcuno non lo consideriamo una sciccheria, essi ci tengono in vita. In certi casi fin troppo producendo l'effetto opposto. La specie umana è in aumento di quasi cento milioni l'anno e il suo eccesso potrà essere il motivo della sua estinzione per via dell'esaurimento delle risorse che determina (più bocche da sfamare più consumo e distruzione dell'ambiente).

L'istinto sessuale è così forte che in certe specie l'individuo si sacrifica per generare. La mantide religiosa maschio viene divorata dalla femmina durante il coito, in questo modo essa trova subito l'indispensabile fonte di nutrimento. Certi ragni maschi, si son fatti più furbi, per così dire, e prima di precipitarsi sulla femmina compiono vari rituali con movimenti delle zampe e toccamenti sulla tela col fine di avvisare la dolce metà di non essere una preda; una volta certi di essere stati ben interpretati si avvicinano cautamente, incollando le sue zampe al tessuto. In questo modo si garantiscono, in caso la compagna fosse stimolata, durante il coito, da un pericoloso appetito, il tempo sufficiente per darsi alla fuga. Negli animali superiori le sfide tra i maschi hanno la funzione di selezionare i più forti (i geni migliori), talvolta in combattimenti mortali oppure, come succede in certi uccelli, con sfide di bellezza e agilità, dai saltellamenti allo sfoggio delle piume. Sia la femmina a scegliere oppure il maschio trionfante, il fine è la selezione. Sono i geni a comandare, non l'individuo. Ed è sempre l'istinto a decidere i momenti dell'accoppiamento, i cosiddetti periodi di calore. Solo l'uomo e alcune scimmie ominoidee come i bonobo fanno sesso tutto l'anno. L'istinto si sublima, il sesso diventa un'attività per scaricare l'aggressività, per dimostrare affetto, per piacere ludico.

Ma l'uomo è un animale (mistico se si vuole, ma pur sempre con un corpo animale) sociale complesso, che ha bisogno di armonizzare l'istinto con la cultura. Un'altra pulsione terziaria, civica, chiede di essere soddisfatta senza porsi in conflitto con quelle primarie o secondarie come è appunto la pulsione sessuale. L'uomo non è più quel primitivo delle barzellette che cerca nella caverna la femmina, gli dà una bastonata e la trascina per i capelli nella sua tana, egli, ormai civilizzato (sia esso musulmano o cristiano, cinese o canadese) aborrisce questo comportamento violento, ovviamente se non è deviato. L'essere umano ha bisogno di etica, di ragionevoli norme comportamentali che permettano agli individui di interagire tra loro per reciproci vantaggi, evitando così agli istinti individuali di prevaricare danneggiando la convivenza.

Alcune norme a cui l'individuo viene educato si traducono in atteggiamenti e sentimenti acquisiti. Esempio di questo il senso del pudore. E' un fatto sociale, culturale e non innato, prova ne sia che in ogni contesto primitivo, dal Borneo all'Amazzonia, laddove l'uomo bianco non ha interferito, la nudità è vissuta come un fatto normale ampiamente documentato. L'uso del perizoma, se usato, ha come unico scopo difendere le fragili parti intime. Coprirsi significa proteggere il corpo dagli agenti esterni (l'uomo, nel corso della sua evoluzione, ha ridotto in peluria quasi ovunque il mantello peloso a causa di due fattori: la pratica del vestimento lo ha reso superfluo, quindi sopravvivevano indifferentemente i meno e i più pelosi, a cui si è aggiunta una selezione estetico- culturale).

Le regole, anche in una società cosiddetta primitiva, servono a disciplinare i rapporti e le funzioni di ogni membro del clan. L'uomo è sociale, e grazie a questa socialità è riuscito a sopravvivere in un mondo naturale difficile, sopperendo alla sua debolezza fisica (si pensi a paragone una tigre o ad un orso), con una intelligenza condivisibile e trasmissibile generazione dopo generazione, unendo le forze grazie al linguaggio e la cultura (l'area di Broca nel cervello, precipua del linguaggio è molto sviluppata solo nell'uomo). Le norme gli permettevano di non tornare indietro, ai tempi della foresta, assicurandogli un quadro comportamentale valido e funzionale, ad esso si aggiunsero ritualità e miti capaci di soddisfare le sue esigenze trascendentali (il senso della morte e di un principio cosmico). Tuttavia le tradizioni del clan rischiavano di perdere un senso funzionale quando diventavano fine a se stesse, ripetitive e incomprese. Le usanze si trasformavano anche in modo dannoso (piattelli incarnati nelle labbra, anelli nel collo, sacrifici umani...), assumendo significati ideologici avulsi da una realistica utilità. Questo vale anche per le norme dettate alla sessualità (infibulazione, clitoridectomia, castità forzata..), una volta oltrepassato il buon senso che limitava la sua espressione (talvolta valido: su tutto il tabù dell'incesto, istintivo e culturale insieme, il quale evita che la specie si indebolisca). Il senso del pudore, esagerato da una educazione inibente, finisce per essere causa di conflittualità psicologiche, di rimozioni e turbe emotive che trovano vie di scarico negative nel tessuto sociale .

L'etica, in quanto dettata dalla ragione, ha permesso di evitare comportamenti imitativi subordinati a regole assurde, e fantasiose basate su spiegazioni mitologiche (come il sacrificio umano nelle antiche civiltà). Queste leggi divine, attribuite agli spiriti o agli dei costituivano una moralità indiscutibile imposta dall'alto, ma ora venivano poste al vaglio di un sereno giudizio obiettivo e abbandonate se dannose. Infine l'etica serviva a dare dei limiti al comportamento puramente animale dell'uomo. L'etica necessita di intelligenza le cui soluzioni possono essere antitetiche ad un corpus di dottrine, usi e costumi della società, ripetitivo ed acritico; tra i suoi compiti quello di armonizzare le espressioni istintuali con le esigenze collettive e nello specifico permettere la espressione giocose ed affettuose della sessualità (il legittimo) ed impedire abusi e violenze (l'illegittimo) contrarie ad un senso civico adulto e responsabile basato sulla ragionevolezza.

Un concetto di libertà indiscriminato può portare solo confusione, ogni eccesso di libertà significa prevaricazione: la mia libertà non deve danneggiare quella del prossimo nei suoi fondamentali diritti, né la libertà di un altro (persona od ente, come lo stato) deve abusare su qualsiasi soggetto. Il buon senso, la ragione ed una avveduta etica situazionale (utilizzo un termine caro a S.B.Kopp e rimando ai suoi libri eccellenti) permettono di equilibrare e dare giustizia ai rapporti prima delle stesse leggi e regole convenzionali; soprattutto il rispetto nutrito per l'altro e per l'ambiente è alla base di ogni libera azione nel mondo. Ogni giusta legge che tutela i diritti nasce dal nostro senso del rispetto per un reciproco vantaggio.

Consequenziale a quanto detto il discorso sulla libertà sessuale: quando c'è violenza, sofferenza, o strumentalizzazione dell'altro finisce la libertà ed inizia la prepotenza che è negazione della libertà stessa. La distinzione tra erotismo e pornografia è d'obbligo. L'erotismo ha la sua base nella pulsione istintuale e la sua sublimazione comporta le espressioni dell'arte, della fede e del civismo, vedremo come. L'attrazione tra i sessi, il gioco amoroso, fa parte della natura ed è cosa spontaneamente buona come apprezzare il cibo (col suo raffinamento culturale: l'arte della cucina). La pornografia (che non è certo la nudità artistica), invece, può, da un punto di vista psicologico, veicolare devianze e regressioni psichiche. Tanto c'è bellezza e piacere nell'erotismo, tanto squallore e prevaricazione può trovarsi nella pornografia, dalla pedofilia al sadomasochismo, violenza e stupri, tutte le perversioni possibili ed immaginabili, attraverso quest'ultima, sono accessibili, insomma fattori psicogeni capaci di ledere l'integrità psichica. Ciò sia chiaro, indipendentemente da preconcetti morali. Si sa come l'imitazione coinvolga particolarmente gli adolescenti, è stato sufficiente un film in cui un gruppo di giovani si sdraiava sulla strada sfidando la morte per innescare una moda. E nella pornografia è disponibile ogni devianza.

Sarebbe bello un mondo dove la sessualità (col suo valore proiettivo dell'amore che è la sovrastruttura del bisogno fisico) fosse libera da sofferenze, paure, coercizioni, plagi ricattatori, oggi così frequenti, invece mai come oggi, nonostante l'acclamata liberazione sessuale dei paesi industrializzati, sono esistite così tante patologie psichiche legate alla sessualità.

A mio avviso non è corretto incolpare le religioni dei problemi legati alla sessualità in quanto, nella loro sostanza, prima dei dogmi e degli sviluppi teologici, non sono contro l'erotismo (a latere l'induismo in cui ci sono perfino dei templi dedicati all'eros e le religioni arcaiche dove i simboli duali della totalità divina, cielo e terra, sono rappresentati da un pene eretto e da una vagina). E il Corano: "Quando i coniugi si accarezzano Dio li guarda con uno sguardo pieno di bontà." E ancora: " Non gettatevi sulle vostre donne come fanno gli animali ma costruite un ponte fatto di dolci parole e di baci". Maometto diceva che del mondo ha amato i profumi e le donne e paragona la donna ad un giardino da coltivare. Gesù è stato estremamente conciliante perfino con certi eccessi sessuali, perdonando l'adultera che stava per essere lapidata (Chi di voi non ha peccato scagli la prima pietra) ed ha avuto tra i discepoli prediletti, così vuole la tradizione, una ex prostituta, la Maddalena (con la quale si favoleggiato un rapporto come sua possibile compagna, in realtà ogni riferimento alla vita sessuale di Gesù è solo ipotetico essendo assente nei Vangeli anche apocrifi , escludendo un passo del vangelo di Filippo (NH II,63,30-64,5.).

Nella mistica, soprattutto, è sempre presente l'analogia dell'amante e dell'amato, del dolore della separazione e della gioia dell'unione, del sapore dell'estasi come orgasmo. Nel tantrismo questi accenni poetici trovano forma compiuta. Del resto, per quanto ci è dato sapere, l'energia che muove la vita e l'universo visibile (ed ogni nostra azione) è la stessa, pur sensibilizzata in vari modi e su diversi livelli, la continuità è sempre presente, dall'atto fisico grossolano a quello più sublime (ed è anche il concetto di libido secondo Jung). Proprio per questo, è almeno plausibile pensare che il modo in cui noi ci relazioniamo nella vita sessuale e in genere con gli altri, col mondo, si riproponga a livello spirituale. Quel che è sbagliato qui è sbagliato là, e per dirla con la filosofia confuciana nella disposizione d'animo con cui ci si rapporta con la vita terrena (e cosa c'è di più terreno della sessualità?) ci si rapporta col Cielo. Un tipo coatto, rigido nella sessualità non può essere libero nella spiritualità percependone solo il guscio in forme fondamentalistiche e fanatiche come A.Lowen ha ben evidenziato.

Domanda) Quando ero piccolo e andavo a confessarmi il prete mi diceva che se pensavo alle donne era un diavolo a tentarmi. Il cristianesimo non finisce per rendere problematica la sessualità? Nell'Islam come è visto invece il sesso considerando quelle povere donne obbligate a stare dentro il burka? E che ruolo ha la sessualità nel peccato originale ?

Risposta) Lei cita un caso personale a testimonianza dell'ignoranza di diverse persone e non dell'istituzione: se un giudice è corrotto, non per questo bisogna cancellare l'istituzione della giustizia. E' naturale e legittima la masturbazione nel ragazzino, egli vive una fase di scoperta della sessualità, si può invece incoraggiarlo a superare il periodo narcisistico, aiutando il suo interesse verso l'altro sesso in modo garbato.

Abbiamo citato frasi delicate del Corano e del profeta sulla donna, frasi che invitano al rispetto e alla gentilezza. L'usanza del burka stona con queste raccomandazioni e non c'entra con l'Islam, esattamente come non c'entra col Cristianesimo l'uso del velo nero nel sud Italia per le vedove. Non va travisata la sostanza delle religioni con il folklore.

Lei mi domanda inoltre se certa sessuofobia e certe devianze all'interno del Cristianesimo siano derivate da problemi teologici. Fin dal medioevo all'interno della stessa Chiesa si sono susseguite le denunce che riguardano il dilagare dell'omosessualità (che allora era considerata assurdamente anche una malattia e, fino ai tempi del fascismo, da internamento in manicomio) e della pedofilia con la richiesta di provvedere a risolvere il problema. Ma stando all'oggi, mi risulta, che la percentuale di omosessualità e di pedofilia (questa si che è devianza anche per l'aspetto traumatico a cui è soggetto il minore) dentro e fuori la Chiesa sia circa la stessa, cambia la risonanza poiché viene delusa l'aspettativa di fiducia verso il ruolo sociale del sacerdote.

Le rispondo sulla questione teologica. Nel mondo cristiano si è talvolta associata l'idea che il sesso sia peccato (al limite tollerato per fini procreativi) in quanto Gesù, pur essendo vero uomo, ne era immune. Se Gesù non faceva sesso voleva dire che esso ha qualcosa di negativo. Indubbiamente ciò rappresenta un condizionamento in negativo: se il "modello" respinge una certa cosa come si fa a ritenerla positiva? In realtà non si sa nulla della vita sessuale di Gesù ma sappiamo che se Gesù fosse stato omosessuale o impotente, nel contesto ebraico dell'epoca, sarebbe stato emarginato e tanto più, come rabbi (così era chiamato), una funzione in cui era tassativo avere una moglie (forse per questo alcuni vangeli apocrifi come di Maria e di Filippo insistono sul ruolo importante della Maddalena a fianco di Gesù).

La libido è come un fiume, se non scorre normalmente lungo l'alveo straripa o trova altre vie, l'alveo è una vita sessuale normale, se questo viene ostruito cominciano i guai. La naturale attrazione tra i sessi sfocia nell'amore fisico. La sublimazione di quest'ultimo nell'affettività e nell'azione caritatevole è possibile, ma non può essere obbligata pena disturbi di vario genere.

Un'altro errore di cui si è fatto portavoce sant'Agostino sta nell'identificare il peccato originale con il sesso: quando Adamo ed Eva si sono accoppiati è scoppiato il finimondo dopo aver scoperto di essere nudi (il senso del pudore come sappiamo dai documenti antropologici e dalla osservazione della psicologia infantile è indotto dalla cultura e non é innato). In realtà il significato dell'evento leggendario dato dal testo si lega meglio alla superbia, allo staccarsi dall'armonia con la natura, con l'illusione di assumere un potere sulle cose pari a quello di Dio. Ma nella genesi non esiste nessuna demonizzazione del sesso, si immagina invece la perdita di una purezza originaria che prescinde dal sesso. Essa tenta di spiegare nel linguaggio dei miti il male e la sofferenza: se siamo fuori dalla felicità e dal bene questo comunque non ha cessato di esserci, possiamo riprenderlo e ritornare su quel terreno originario che ci lega al divino, al Sè profondo.

Domanda) Se la spinta sessuale motiva in natura i combattimenti tra gli animali, la selezione naturale è il risultato della lotta per l'affermazione del più forte?

Risposta) Solo apparentemente è così. A quanto ne sappiamo, l'evoluzione non è solo determinata dalla selezione naturale, la quale favorisce non tanto il più forte ma il più adatto (come vede infatti non ci sono più tirannosauri in giro). Il concetto che "la necessità crea l'organo" caduto in disuso è tornato alla ribalta con l'epigenetica che ha dimostrato la duttilità del DNA secondo il comportamento e le esigenze dell'individuo. Ma c'è un aspetto ancora poco studiato se non da alcuni eminenti biologi che non hanno timore di cercare spiegazioni e verifiche secondo nuovi approcci e parametri come R. Sheldrake. Questo riguarda la "risonanza morfica" che organizza le parti tra loro, così nella fisica così nella materia vivente. Di fatto i cambiamenti nell'albero evolutivo sono dovuti alla collaborazione delle cellule tra loro, noi stessi siamo esseri pluricellulari e dobbiamo la nostra identità alla felice cooperazione di qualche trilione di cellule. Non è necessario che queste cellule, per formare un organismo siano unite tra loro, pensi a un formicaio ed ad un alveare dove ogni individuo ha mansioni diverse per la sopravvivenza dell'insieme. L'organismo opera come un tessuto sociale dove ogni membro è come una cellula sacrificabile per la salute comune. Bene, da questa collaborazione delle cellule e degli organismi tra loro, nascono le strategie più idonee per la sopravvivenza, per adattarsi all'ambiente. I geni, detto in soldoni e sempre a quanto ne sappiamo, rappresentano la memoria e l'elemento riproduttivo, non l'intelligenza biologica, infatti una cellula privata di DNA, seppur incapace di riprodursi, continua a vivere, cibarsi ed evitare i pericoli ambientali. L'intelligenza sta nel tessuto percettivo dell'organismo (la membrana per la cellula) che selezione ed elabora i dati provenienti dall'ambiente. Anche Lamarck ha avuto questa intuizione poi passata nel dimenticatoio perché non si poteva provare, ma nell'ultimo decennio diversi studi (pubblicati anche da nature e da scientific american) sembrano dimostrare la validità non solo di questa teoria ma delle antiche visioni di Gaia, dove tutto è interconnesso, un organismo unico. A mio parere c'è una intelligenza intima alle cose, leggi di ritmo e simmetria, di armonia dunque, dove le sfide tra gli animali o degli spermatozoi per il più forte, sono fatti esteriori. Poi alla fine, è madre natura, l'ovulo a scegliere.

Domanda) L'istinto materno o paterno è connesso con quello erotico che ha come fine appunto la conservazione della specie?

Risposta) Il cosiddetto istinto paterno o materno non esiste tra i primati e quindi neanche nell'uomo. Privato di cure affettive nell'infanzia l'uomo sarà incapace di sentire tenerezza e amore per la sua prole e in genere nei confronti dei bambini. E' quindi un fatto emotivamente appreso, registrato nell'inconscio e poi riprodotto, di istintuale c'è solo la tendenza. E' insomma una qualità appresa, una educazione sociale dei sentimenti dimostratasi utilissima alla specie umana. Particolarmente importanti sono i primi momenti dopo la nascita, l'imprinting affettivo tra madre ed il figlio, la mancanza del quale può comportare seri inconvenienti futuri. Da più voci del mondo della psicoterapia e dell'etnopsichiatria si sottolinea la cattiva abitudine di non pochi moderni reparti di ostetricia, di privare la madre ed il figlio appena nato, del primo incontro (per le procedure di peso e pulizia, solo dopo le quali il figlio viene riconsegnato alla madre come un pacchetto confezionato). L'analisi ha dimostrato che questo trauma non sarà dimenticato e porterà serie difficoltà soprattutto nella femmina. In altri termini si toglie un valore basilare al deposito della banca affettiva dei sentimenti. Negli altri primati addirittura, se privati dell'imprinting, la futura madre sarà indifferente al figlio e per l'uomo é lo stesso. A ragione il fondatore dell'analisi bionergetica, Alexander Lowen, sottolineava il fallimento della psicologia quando dimentica il corpo e l'animalità. L'uomo ha anche un corpo animale soggetto a tutte le leggi del mondo fisico e naturale, il suo potenziale umano è necessariamente condizionato da quello biologico. La sua domanda è quindi da riformulare. Alla base degli affetti, e quindi anche delle tenerezze e delle gioie sessuali, c'è un fatto di educazione dei sentimenti che i genitori ritrasmetteranno ai figli, non sono doveri ma atteggiamenti, cariche emotive, valori affettivi che si assoceranno, nel momento sessuale, all'istinto del piacere

L'imam aveva pronunciato dure parole per riportare alla ragione quegli uomini del villaggio che segregavano le donne in casa con la scusa della religione. Ma a Nasr Uddin, estremamente geloso della moglie, le parole dell'imam entrarono da un orecchio e uscirono dall'altro. Fu così che l'imam, accompagnato dalla sua signora, decise di andare a trovarlo per leggergli vari versetti del Libro sulla pari dignità delle donne. Ma quando gli testimoniò questo punto: "Ricordati che qui si esorta le donne a non mostrare troppo le parti intime agli estranei, e non che devono essere tenute impacchettate!" Nasr Uddin rispose: "E' questione di interpretazione, per me tutta mia moglie è intima

LA DONNA MUSULMANA E IL PARTO
INFORMAZIONI PSICOLOGICHE E RELIGIOSE.

ospedale San Martino di Genova 2001-università di medicina

Occorre subito in modo chiaro distinguere la religione islamica dagli aspetti sociologici caratterizzanti i popoli musulmani. In altri termini le costumanze di etnie e di singoli individui musulmani sovente non sono l'espressione del Corano, che è il testo sacro dell'Islam, ma di tradizioni più o meno locali. Questo significa che quando dovete rapportarvi nel vostro campo medico con una donna musulmana è opportuno tener presente soprattutto l'etnia, la sua estrazione culturale, prima ancora della sua religione. In diverse zone africane, per esempio, viene praticata l'infibulazione (ossia la cucitura delle labbra della vagina) o la clitoridectomia (l'escissione della clitoride) sia tra i cristiani sia tra i musulmani. Sovente ciò viene fatto passare come rito religioso quando è condannato sia dalla legge islamica sia da quella cristiana. Evidentemente ci si trova di fronte a retaggi culturali primitivi pre-islamici e pre-cristiani, frutto di una visione del mondo patriarcale che in questo modo garantiva la verginità della donna. Una donna concepita come proprietà del maschio, e per far questo non si esitava a negarle ogni suo diritto. L'escissione della clitoride , tra l'altro, significa privarla di un organo di piacere, eppure è frequente notare queste donne vantarsene, si sentono "accettate e normali" rispetto al clan: hanno fatto quel che si doveva fare! Questa è la forza dell'inconscio condiviso, quel substrato atavico in cui si sedimentano comportamenti ripetuti e fissati in un gruppo. Purtroppo la normalità non è il comportamento più ragionevole e sensato ma quanto è fatto e pensato dai più. Ne consegue che chi non soddisfa la regola viene ritenuto in difetto e si sente esso stesso in difetto, in stato di colpa, in quanto offende quell'irrazionale senso del "così va fatto" privato di una motivazione adulta e responsabile. I comportamenti vengono dalle culture primitive caricati di significato religioso e questo contribuisce a rinforzare le tradizioni anche dannose. Che poi esse siano strumentali a quanto torna comodo ad una parte (ai capi religiosi, al dominio patriarcale e maschilista) non se lo chiede nessuno. Ma non andiamo lontano per comprovare tutto ciò. Soprattutto nelle zone del meridione d'Italia, prima della abrogazione dei manicomi, si usava rinchiudere la ragazza che aveva perso la sua verginità e aveva offeso l'orgoglio della famiglia. Quest'ultima puliva così l'ignominia eliminando la fonte di scandalo, quanto aveva alterato lo schema di normalità del gruppo.

Queste precisazioni vanno fatte per renderci conto di quanto dobbiamo essere attenti alla provenienza etnica e culturale della persona. Non è l' Islam ad aver determinato certe usanze e schemi comportamentali ma sono questi che si sono islamizzati. Se il musulmano seguisse con intelligenza e buon senso il suo testo sacro, il Corano, si comporterebbe in modo aperto, tollerante ed evoluto. Il Corano impegna il fedele (muslim) ad accettare le altre religioni come provenienti da Dio, ridà dignità spirituale e sociale alla donna, negata fino allora in Arabia, prima del settimo secolo a.C., fa evitare costrizioni e violenze ed ogni sorta di prevaricazione sulla natura e sugli uomini. Un testo, anche da un punto di vista laico, illuminato, rivolto dapprima a persone rozze e dure come erano i beduini del deserto, bisogna quindi saperlo leggere nelle contestualità, ma con piani di lettura e di significato profondo universali. Democratico poiché vede tutti uguali davanti a Dio, uomini e donne, e invita al dialogo tra tutti prima di ogni decisione, la quale mai deve mancare di tolleranza, equanimità, buon senso.

Ricordo infine che il fondatore dell'ostetricia è stato l'eminente medico musulmano alRazes morto nel 1037, quando l'Islam era il faro culturale dell'epoca. Detto ciò possiamo entrare nei dettagli sapendo che non tutto e talvolta poco di quanto viene fatto passare come islamico è veramente tale. A voi.

Domanda) Quale è la condizione della donna nei paesi islamici? Come vive l'essere madre?

Dipende dalla zona, come si è detto. Nell'Indonesia, per esempio, la donna gode addirittura dei vantaggi e privilegi, oltre a quelli stabiliti dal Corano, che una visione matriarcale della vita pre-islamica ha lasciato in eredità. In occidente viene presentata emblematicamente la donna islamica completamente infagottata, dove nessuna parte del corpo è visibile compresi gli occhi, tutta in nero a cominciare dai guanti. Il burqa, sia rigorosamente chiaro, è solo un costume, non è un dovere stabilito dal Corano, il musulmano e l'occidentale che lo presenta come un obbligo islamico è certamente in malafede o male informato. Il Libro consiglia solo la decenza, il non mostrare le parti intime (sesso e seni) agli estranei, la nudità è consentita solo davanti ai parenti ed ai bambini. Il velo che difendeva la testa di tutti i beduini dal sole cocente, maschi e femmine, dice il Corano, deve servire alla donna per coprire anche i seni. Ecco la funzione del chador. Evidentemente l'esasperazione del vestiario femminile è dovuta a ingiunzioni patriarcali, le stesse a inventare certi adith fasulli (detti del profeta) come questo: *"La donna che tocca con la mano un altro uomo che non sia suo marito sarà trascinata con quest'arto nell'inferno a bruciare"*. I musulmani autentici e colti sono inorriditi dallo scempio che è stato fatto dei detti del profeta, i quali, per quanto non abbiano il valore e l'attendibilità sicura del Corano, quando sono abbastanza degni di fede, sono anche permeati di buon senso e ragionevolezza. Certamente non si può imporre alla donna né di usare o di non usare il velo (se non in moschea dove è obbligatorio). La prevaricazione sulla donna da parte dell'uomo può succedere più frequentemente nei villaggi, nelle zone rurali e lontane dalle città, secondo arcaici stili di vita che l'Islam non è riuscito a modificare.

Laddove è costretta in casa a fare figli, e soprattutto che siano maschi, evidentemente la donna è vittima di queste consuetudini in cui all'uomo era assegnato un ruolo predominante (una civiltà, sia detto per inciso, non dovrebbe essere né patriarcale né matriarcale, né femminista né maschilista, ma semplicemente "umana"). Essa può sentirsi in colpa verso il marito se non riesce a dargli il maschio. In certe situazioni più ha figli più acquista onore nel clan. V'è da dire che laddove l'Islam è la religione dominante in Asia la pratica di uccidere le femmine è praticamente sconosciuta. Questo perché ogni essere umano deve essere salvaguardato per l'Islam (sia chiaro: si intende ogni nato, non un feto).

Indubbiamente la nascita del maschio, in certe zone, è motivo di vanto per l'uomo, rassicurato di avere così una discendenza (come se la femmina non portasse anch'essa il 50% dei geni del maschio). Per la madre, naturalmente, è indifferente partorire un maschio od una femmina, solo per condizionamento sociale può essere indotta a condividere l'orgoglio del padre verso il maschio.

Si è detto sulla pratica di eliminare le femmine. Ciò succede in India, nell'Indocina ed un tempo in Cina prima che il governo attuasse una necessaria politica di regolamentazione delle nascite. Piuttosto che i contadini uccidano essi stessi le bambine o vendano i "bambini in più" al mercato della prostituzione, od al traffico degli organi come drammaticamente succede, una drastica politica di controllo delle nascite che incentivi l'aborto del secondo e soprattutto del terzo figlio è infinitamente più auspicabile. Vero e condannabile è invece che questa politica è disumana nei confronti degli handicappati, praticamente reclusi e fatti morire.

Domanda) L'aborto ed il profilattico sono consentiti dall'Islam?

Sì. E' prevista una serie di circostanze in cui la donna può abortire. Il feto, come è opinione di molti uomini di scienza laici, non è considerato essere umano quando nelle prime settimane non si è ancora strutturato il sistema nervoso. Deve comunque essere la donna a decidere di abortire od essere consenziente. Tra i motivi lasciati alla discrezionalità della donna, il primo è se la gravidanza mina la sua salute ma anche la sua bellezza, e la valutazione delle condizioni ambientali in cui il nascituro si troverà a vivere. Nell'Islam il diritto all'affetto è molto sentito anche perché il profeta era orfano. L'abbandono affettivo equivale eticamente ad un assassinio. Poiché l'amore sessuale non è visto come cosa "sporca" ma come una delle cose belle della vita benedette da Dio, i musulmani fanno l'amore per gioia, per assaporare l'intimità totale. Quindi l'uso del profilattico è frequente, una volta ci si arrangiava con preservativi non del tutto igienici, realizzati con pezzi di intestino di animali (non di maiale sicuramente), oggi sono a disposizione ottimi profilattici anche distribuiti gratuitamente come in Iran. Questo modo di vivere la sessualità ha evitato molte delle devianze tipiche dell'occidente dove una cultura repressiva e maligna nei confronti della sessualità ha sviluppato alterazioni di vario genere, dalla pedofilia a sadomasochismi a casi di omosessualità non genetica.

Domanda) Come vede l'Islam la politica sul controllo delle nascite?

Alla conferenza internazionale del Cairo sui problemi demografici l'Islam non ha opposto seri vincoli anche perché localmente, già per conto proprio nel corso della sua storia, ha applicato una politica di controllo delle nascite in caso di sovrappopolazioni. Come dato di cronaca ricordo che la conferenza è stata ostacolata solo dai rappresentanti della Chiesa cattolica. Ricordo ancora che successivamente è stato indetto dalla stessa Chiesa romana anche un mini congresso di scienziati cattolici per riconoscere se veramente la sovrappopolazione mondiale costituisca un grave problema: esso ha confermato in linea generale le posizioni del Cairo a dimostrazione che talvolta la serietà professionale e l'obiettività superano i preconcetti. L'equazione sessualità e fare figli ,"l'andate e moltiplicatevi" incosciente non è quindi presente nell'Islam: il Corano ricorda: " *Sappiate che la vita presente è gioco e distrazioni, orpello e rivalità e vanagloria per le ricchezze e i figli, null'altro. Come la pioggia: la vegetazione che essa produce piace ai coltivatori, poi si guasta, la vedi ingiallire, si secca, si sbriciola*"(57-20) .Quindi, vedete, la vanagloria di mettere al mondo tanti figli, menzionata dal Corano, stride con l'orgoglio maschilista di qualche musulmano. Comunque sia l'Islam è consapevole dell'esistenza di un'altra equazione reale, con cui bisogna fare i conti: povertà – guerra - sovrappopolazione- distruzione ambientale. Se nei paesi islamici l'incremento della popolazione è comunque abbastanza forte ciò è dovuto alla difficoltà di sensibilizzare alla consapevolezza grosse fasce della popolazione, soprattutto rurale.

Domanda) Come mai i paesi dell'Islam ed in genere del terzo mondo sono assai fertili in fatto di nascite ed al contrario i paesi ricchi?

Teniamo presente dapprima i dati. La popolazione mondiale ha superato i sei miliardi di anime. Solo 100 anni fa ne contava 1 miliardo e mezzo, mille anni fa mezzo miliardo, e ai tempi di Cristo 160 milioni. Questo offre l'idea del recente vertiginoso incremento della popolazione umana su questo piccolo pianeta. Ogni anno aumenta di 80 milioni di vite, ed aumentano pure le morti infantili per fame e malattia (in media una ogni 3 secondi).

La crescita è soprattutto a carico delle zone del terzo mondo (Africa, Asia, Sud America). La popolazione è stabile se non talvolta in calo più o meno lieve nei paesi ricchi, calo abbondantemente colmato dall'immigrazione dal terzo mondo. A cosa si deve questa interruzione dell'incremento demografico nei paesi nord occidentali? Tra le concause isoliamo due fattori principali: il primo è un reale aumento di sterilità dovuto ad abitudini di vita scorrette ed ad una minore selezione naturale. La medicina permette la sopravvivenza e la possibilità di generare anche ai più deboli (ed è giusto che sia così in quanto ognuno ha diritto ad esistere). Inoltre in una civiltà non basata sull'agricoltura i figli non sono un vantaggio economico   (laddove per il contadino del terzo mondo sono braccia in più che lavorano) né vengono sentiti come l'unica soddisfazione della vita. Ma soprattutto consideriamo che una civiltà arriva ad un apogeo e poi si cristallizza, si ripiega su se stessa, sulla propria difesa, perdendo quello slancio vitale, quella carica biologica tipica di chi deve sopravvivere. Qui c'è maggiore selezione, non c'è uno status quo da difendere, niente da perdere, ma tutto da guadagnare. Questo provoca differenze   psicosomatiche negli uni e negli altri, compresa anche la fecondità. Ed è stato così che l'impero romano è crollato a causa dei barbari, o la civiltà della valle dell'Indo. Diciamo che è un processo storico fisiologico.

Si parlava anche di cattive abitudini degli occidentali. L'allattamento naturale spesso è sostituito precocemente da quello artificiale che arricchirà pure qualche multinazionale ma impoverisce il neonato sotto il profilo fisico (con il latte materno passano anche le difese immunitarie) e psicologico in quanto il contatto con la madre significa sicurezza, affetto, esistenza. Cattive abitudini nel vestiario. Gli slip attillati per esempio. In questo modo la temperatura dei testicoli che dovrebbe essere inferiore a quella del corpo è identica ad esso, ciò secondo attendibili ricerche può provocare infertilità. Le posture: nella cultura soprattutto europea l'uomo deve camminare senza muovere le natiche ed il ventre, da soldatino: ottimo mezzo per essere impotenti bloccando la fluidità dell'energia. Insomma tutto ciò evidenzia l'allontanamento dai ritmi naturali. Perché dunque sorprendersi della mancanza di fecondità fisica dei paesi ricchi? Ma non è questa che deve preoccupare, ossia il dato quantitativo, ma il corrispettivo qualitativo psicologico, la creatività.

Domanda) Tenendo conto degli harem e della poligamia la donna islamica quale ruolo poteva e oggi può avere?

L'Islam consiglia fortemente il matrimonio, poiché la carica sessuale deve sfogarsi bene. Ciò evita che l'uomo viva la sessualità in modo deviato o cercando il piacere nella prostituzione (l'andare con le prostitute è sovente sintomo di problemi psichici, di conflitti con la madre irrisolti: In Europa 1 maschio su 10 si concede questo tipo di rapporto). Sono permesse fino a quattro mogli, e una sorta di legittimo concubinato (matrimonio temporaneo). Una regola, oggi sempre meno adottata, da valutare nel quadro storico, essa risolveva il problema dell'eccedenza di femmine rispetto ai maschi (e una volta molti maschi morivano in battaglia). La donna viveva e vive ancor oggi di più in quanto conduce, in media, una vita più sana e meno pericolosa rispetto all'uomo. Comunque la donna può divorziare e può rivendicare i suoi diritti se l'uomo la trascura, anche sessualmente. Il matrimonio nell'Islam è un contratto giuridico, non un sacramento come per i cristiani, e si può sciogliere con il divorzio. Di norma i figli più piccoli vengono affidati alla madre. E lecito per gli uomini musulmani sposare donne cristiane ed ebree (che costituiscono la gente del Libro) ma non viceversa. Questo perché nell'Islam l'uomo è il capofamiglia e deve mantenere la donna. Essa poi è libera di mantenere la sua religione. Quindi l'uomo può sposare fino a quattro donne ma è tenuto ad essere imparziale con loro, economicamente, affettivamente, sessualmente: impresa improba che riduce praticamente le mogli che si può permettere ad una e ce n'é d'avanzo…

Per pura ignoranza si favoleggia che negli harem il sultano possedeva centinaia di mogli. Solo quattro erano le mogli che poteva permettersi, il resto delle donne dell'harem era costituito da cameriere (odalische). Esse non erano recluse come monache di clausura ma avevano ampi spazi di libertà. Negli harem non c'erano uomini ma eunuchi, figure tutt'altro che insignificanti. Non solo potevano assumere certi poteri e responsabilità anche per la loro cultura, ma dilettare le odalische con le loro imprese sessuali. Infatti la mancanza di testicoli rende l'uomo infecondo (poiché in essi vengono prodotti gli spermatozoi), ma non lo priva del piacere. L'orgasmo però è più lento ad arrivare per cui il lungo rapporto, armonizzandosi coi tempi più lenti della donna, era assai apprezzato da questa. Insomma, il sultano era tranquillo di non trovare l'harem disseminato da figli non suoi, questa era la cosa importante. In certi casi la "sultana" ha assunto dopo la morte del marito il potere effettivo in attesa della maggiore età del figlio ma la sua attività, anche prima, non si limitava ad essere di buona madre, essa si inseriva negli affari politici, nella vita di corte in modo cospicuo. Rimando al buon libro di Gabriele Mandel "harem" ed. Rusconi.

In diversi paesi islamici , compreso l'Iran sciita (la minoranza islamica ad avere dei rappresentanti religiosi, gli ayatollah, mentre la maggioranza sunnita ha solo dei teologi e delle guide alla preghiera) la donna ha cariche politiche, responsabilità nel campo civile e scientifico, ha un ruolo importante nella società. I mezzi di informazione occidentali spesso dipingono ad arte una immagine dell'Islam e della donna musulmana in particolare, assai fosca e non corrispondente alla realtà. Esaltano casi e situazioni negative, che indubbiamente esistono, ma non dappertutto costituiscono la norma.

Domanda) Come vive la sua eventuale sterilità il maschio musulmano?

Il buon musulmano dirà semplicemente: Se Dio vuole così, così sia." Ma per andar oltre dobbiamo nuovamente considerare fatti di costume e credenze etniche del "terzo mondo" . Laddove il maschilismo è forte, l'avere tanti figli, soprattutto maschi, è motivo di onore e di orgoglio. Se non ha figli (e questo soprattutto succede in Africa) la colpa è della donna. La superstizione popolare imputa la causa dell'infecondità anche al classico malocchio, a qualche diavoletto tra i piedi. Ed allora lo stregone compie i suoi rituali magici che possono avere il loro effetto psicosomatico. Pure nella chiesa cattolica un vescovo africano, monsignor Milingo, ha esportato queste performance esorcistiche primitive con un certo successo. Ma qualsiasi psichiatra, anche ateo, con buone capacità di attore, potrebbe mettere in scena le stesse cose con identico successo in quanto gli effetti psicosomatici avvengono non per motivi arcani ma seguendo processi biochimici partendo dalla suggestione. Dell'effetto placebo sappiamo tutti.

Domanda) Quale è la regola base da seguire quando una donna musulmana viene a farsi visitare ed è in cura?

Considerare prima di tutto la provenienza, l'etnia, il suo ambiente. In diversi casi il marito preferisce che sia una donna e non un uomo a visitarla. Essa stessa potrebbe avere una visione fondamentalista, fanatica e non per colpa sua. Assorbiamo con il latte materno certe credenze ed emozioni, ed è sentito come normale solo quanto è stato assimilato nell'infanzia, per cui non è colpa loro quando portano valori ingenuamente primitivi. Se la donna e l'uomo sono veramente musulmani tenete presente soprattutto che la carne di maiale e l'alcool sono vietati. Questa è una regola igienica dettata dal Corano. Infatti la carne grassa di maiale, i suoi insaccati sono facilmente intaccati dai germi, processo che aumenta a dismisura nei paesi caldi, col rischio di infezioni di botulismo, salmonellosi, epatite di tipo "a", eccetera. Questo cibo, soprattutto nei salumi, poi, essendo ipercalorico, diventa particolarmente dannoso nei climi equatoriali e tropicali. Gli effetti negativi dell'alcool li conosciamo tutti.

Domanda) Come è vissuta la mestruazione e la condizione della donna prima e dopo il parto?

Per l'ennesima volta ricordo l'importanza del substrato di credenze pre-islamiche da luogo a luogo. In certe culture durante la mestruazione la donna si sente ed è considerata impura. Per motivi igienici è indubbio che l'accoppiamento è sconsigliabile, il Corano lo vieta (2,222). In genere nei paesi musulmani la donna prima e dopo il parto è circondata da particolare attenzione e cura da parte delle altre donne, soprattutto parenti, e dal marito. Si verifica insomma quanto è naturale ed umano. Ci sono comportamenti e linguaggi universali. Così come un sorriso inequivocabilmente ispira dolcezza e benevolenza ovunque, sia che sorrida un esquimese sia un aborigeno australiano, così la felicità dell'avere in grembo un figlio o di averlo fatto nascere si estende dalla madre agli altri, parenti ed amici.

Domanda) Esiste disparità di trattamento delle donne in campo medico nell'Islam?

No. Ognuno è uguale davanti a Dio, tutti sono positivi davanti a Dio e gli stati islamici, in linea di massima, si adoperano per evitare discriminazioni in fatto di trattamento sanitario. Ma ovviamente in certi contesti culturali, soprattutto in Africa, ci sono donne che nel clan hanno particolare importanza e sono circondate da più attenzione. In caso di malattia ricevono assistenza al contrario di altre che ricoprono nel gruppo un ruolo minore. Anche in occidente la donna ha più facilità a farsi curare se è ricca. Nei paesi occidentali , in modo maggiore o minore,è il soldo a fare la differenza, dalle cure mediche alla giustizia, relegando spesso la democrazia e la libertà a operazioni di facciata e di demagogia.

Domanda) Ci sono riti dell'infanzia nell'Islam?

Importante è soprattutto il rito della circoncisione per i maschietti. Rigorosamente non è obbligatorio per essere musulmani (il Corano non ne parla) ma è un costume diffuso e consigliabile per igiene nei paesi caldi. Anche in Occidente è praticato in campo medico per la fimosi. E' solo un taglietto nel prepuzio che permette una migliore pulizia . Inoltre allunga il tempo del coito in quanto l'irrorazione sanguigna procede più lentamente.

Esiste anche un rito battesimale. Appena nato si tagliano al bambino i capelli ed il padre immola almeno una vittima animale. Ciò si compie nell'ampia cerchia di parenti ed amici in un clima festoso. Un rito che evoca tradizioni propiziatorie pre-islamiche. Come ho inizialmente detto la pratica rituale primitiva della clitoridectomia e dell'infibulazione è severamente proibita dall'Islam.

Domanda) L'omosessualità come è vissuta nell'islam?

In certi stati islamici l'omosessualità è stata punita addirittura con la morte, è vero, ma ciò va contro l'insegnamento del Corano. *"Se due fanno quella cosa apertamente ammoniteli, ma se si ravvedono lasciateli stare poiché Dio è Compassionevole e vuole il bene"* (4,16). Poiché il Corano vieta di uccidere se non in caso di legittima difesa (quindi anche una guerra è legittima solo se si è assaliti, come era successo in Afganistan con l'invasione russa) ciò significa che è illegittima la pena di morte. Il Corano non consente, almeno così si deduce, l'esibizione dell'omosessualità ed il vantarsi di essere gay, diremmo oggi. Ma in diversi brani il Libro invita ad astenersi nel condannare anche a livello morale, mantenendo saggezza e tolleranza. L'altro nome del Corano (oltre a Recitazione) è il "Distinguente". Sappiamo che ci sono casi di omosessualità genetica. Se uno nasce in una certa situazione non deve vivere ciò come una colpa. Si aggiungano altre variabili in cui interagiscono fattori sociologici e la storia individuale. Ci sono, peraltro, anche casi di omosessualità da ascriversi a devianza. Vari sono i fattori che la determinano e tra essi l' Edipo . Freud in certi casi (a prescindere dai suoi svarioni sulla psicologia infantile ben evidenziati da A. Miller) non ha inventato nulla ma solo scoperto situazioni psichiche di cui avevano già parlato i medici sufi (i mistici-scienziati dell'islam) già nel medioevo. Ed è indubbio che la civiltà occidentale nel suo gioco conflittuale di repressione sessuale e liberalizzazione anarcoide dei costumi ha contribuito a facilitare la diffusione di tali complessi.

Domanda) Come vive il dolore del parto la donna islamica?
In generale esprimendo il dolore. Non bisogna avere paura di esprimere i propri sentimenti, sensazioni ed emozioni nella misura in cui il principio di realtà lo consente. Questo permette di liberare l'energia che altrimenti si coagulerebbe a danno psicosomatico. Il pianto, l'urlo, la rabbia, il riso, il sesso principalmente, sono valvole di sfogo che non devono essere ostruite. La partoriente vive intensamente il contatto col figlio subito dopo il parto, come natura vuole, mentre in occidente alla donna viene traumaticamente sottratto il neonato come se fosse un prodotto industriale. Poi gli viene restituito confezionato. La donna islamica è libera quindi di esprimere il suo dolore come la sua felicità e questo non può non essere considerato positivamente ed imitato in una cultura come la nostra, troppo spesso genitoriale e condizionata dall'etichetta, incapace di esprimere l'autenticità del vissuto, di amare, di soffrire e di gioire.

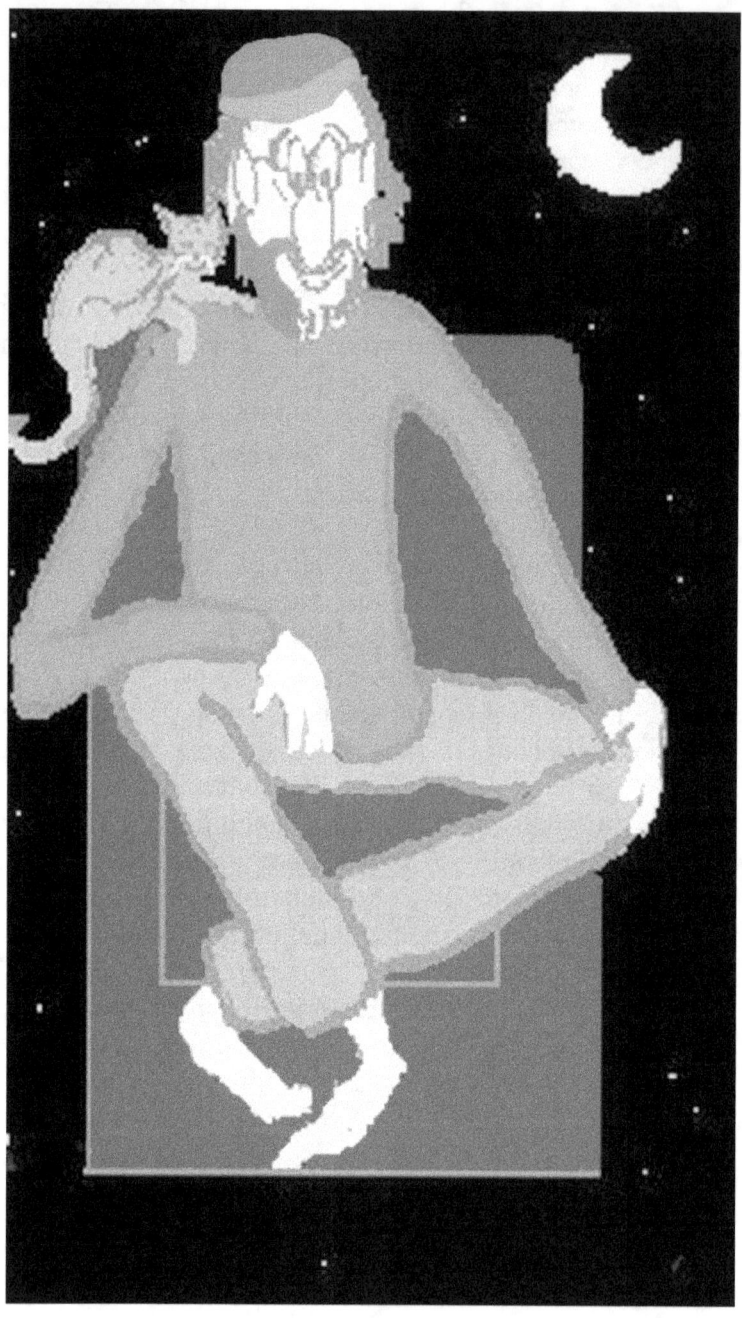

Gli uomini non sono conigli... e anche i gatti naturalmente....

MAFIA E DEVIANZE PSICHICHE

Il regno di quelli che furono prima di voi finì unicamente perché, presso di loro, se un personaggio eminente rubava, lo lasciavano tranquillo; e se un poveraccio rubava, gli applicavano la pena stabilita da Dio. Giuro col giuramento più solenne: se mia figlia Fatima rubasse, io stesso le taglierei la mano. Maometto - Bukhari, LX,50 (11)
   "Considerate la vostra semenza: fatti non foste a viver come bruti, ma per seguir virtude e conoscenza" (Dante Alighieri, Inferno canto XXVI, 116-120)

L'abbinamento mafia e devianza psichica non è nuovo, diversi studi di carattere psichiatrico reperibili anche via internet (1) hanno individuato costanti di psicopatia e di forme paranoidi nel comportamento mafioso. Dire che esso devia dal senso civico e sociale e da un sano rapportarsi col mondo ha dell'ovvio, ma tutte le cose ovvie senza consapevolezza diventano banali e sciocche.

L'identificazione della normalità in senso psicologico non equivale al comportamento della maggioranza. Bisognerebbe quindi domandarsi se il concetto di civismo quale è vissuto oggi in una società occidentale e democratica sia il parametro giusto per distinguere le devianze comportamentali. Soprattutto: cosa intendiamo per civismo? Anche le strutture sociali che hanno permesso nel secolo scorso i più abominevoli delitti sia nei fascismi, nei comunismi, nei capitalismi avevano le loro regole da rispettare ed il loro concetto di civismo. La follia di un leader può estendersi e diventare norma sociale, come nel caso di Hitler (2), poco importa qui analizzare le concause storiche ed economiche moventi la situazione, importante è considerare la ripetibilità del fenomeno: accade che la posizione di privilegio ottenuta da una parte sociale rispetto ai più (la classe sacerdotale, militare, economicamente più potente) spinga questa a dettare regole coercitive per mantenere i vantaggi acquisiti, a compiere delitti "legalizzati" per sbarazzarsi di ogni atto di consapevolezza e di denuncia nei loro confronti. In questo modo la "devianza" combattuta (quasi sempre minoritaria: i più seguono "l'aria che tira" o meglio il condizionamento del branco) può rappresentare invece la parte psicologicamente sana della società. Diversi scienziati e filosofi nel medioevo cristiano erano perseguitati poiché cercavano la verità indipendentemente dal tramandato e dall'autorità, come è giusto che sia, ed è anche da essi, dalla laicità di questo libero pensiero, che si sono sviluppati i concetti oggi comunemente accettati come sinonimo di civismo quali la tolleranza, il rispetto, la libera ricerca. E ancora: una donna combatte in seno alla sua società tribale la pratica dell'infibulazione o della clitoridectomia, una legittima battaglia diremmo noi, ma per il suo gruppo rappresenta un pericolo sociale, una "devianza" da eliminare. La tradizione consolidata ed il potere che la mantiene, quanto si pone indiscutibilmente in alto, non accettano sgarri, eppure psicologicamente la parte sana della società, siamo tutti d'accordo, sta in quella donna emarginata; se noi fossimo nati in quella struttura saremmo quasi tutti dalla parte malata ad inveire chi è contro la regola costituita, contro quella povera donna che adesso difendiamo.

Considerare tout-court dunque il mafioso come un malato di mente è troppo facile per chi è abituato a convivere con altre regole. La mafia (come ogni tessuto criminoso) ha una sua storia, una sua tradizione, delle leggi d'onore, per quanto facciano sorridere, una struttura che vive all'interno di un apparato sociale più grande (lo Stato) in modo parassitario, ossia prende forza dalla ricchezza dell'altro, talvolta i due sistemi convivono ed interagiscono nella gestione dello stesso potere, altre volte si combattono. Il mafioso, fin da piccolo, vive in questa struttura e impara i modelli costituenti la sua normalità; che poi questi modelli comportamentali siano dannosi per sé e per gli altri non gli passa minimamente per la testa, anzi troverà solo rinforzi psicologici positivi, vantaggi in termini di prestigio, ricchezza e potere: alla fine sarà normale per lui far ammazzare chiunque ostacoli questo suo fine. Nella storia dei popoli , in piena luce, abbiamo visto e continuiamo a vedere comportamenti del genere.

In un certo senso la società amplifica quanto succede in ogni individuo. Gli esseri umani lottano per dominare la propria bestialità prevaricatrice (da non intendersi nella sana espressione sessuale e vitale), quella manifestata nei primi comportamenti sociali in atti di prepotenza sugli altri, di egocentrismo. Questa conflittualità si risolve accettando dei limiti, delle regole, quelle a cui si è stati educati.

In natura, ogni individuo, cerca subito di imporsi nel branco e mette in atto inconsapevolmente il meccanismo animale di selezione naturale. In una numerosa cucciolata ciucceranno dai capezzoli della madre solo i più forti, così in una nidiata apriranno il becco e le aluccie, per farsi largo, i più robusti, i primi ad esser usciti dall'uovo. Così un uomo: privato di cultura e di una riflessione intelligente altro non conosce se non l'istinto di affermazione, gli obiettivi più elevati e gratificanti di una persona evoluta gli sono ignoti. La spinta genetica inconscia, è questa: se ce la faccio mi impongo nella mia specie e perpetuerò i miei geni, se non ce la faccio mi rassegnerò in un ruolo che mi garantisca la sopravvivenza. Se l'uomo fosse solo una bestia sarebbe tutto normale, ma esso ha sviluppato insieme alla cultura il senso del civismo, vuoi pure inteso come una trasposizione intellettuale sofisticata dell'istinto di branco e delle sue regole ancestrali. Teniamo anche conto, infatti, dell'istinto sociale a collaborare, a scambiare l'emotività con gli altri, indispensabile per l'essere umano, esso è così forte di per sé da limitare quello dell'affermazione individuale.

Il civismo è un impulso nobile che con l'arte e la fede (non la credenza e la religione che sono la sua burocratizzazione) definisce l'uomo in quanto tale. (3) Egli ha la consapevolezza di far parte di un insieme, la sua specie e che questa dipende da una vita più grande che lo circonda e lo nutre. Per questo, nelle civiltà tribali e in tutte quelle antiche, la vita era rispettata come sacra: dagli altri animali agli alberi, la natura tutta era sentita come parte di sé, la realtà non era ancora un concetto astratto ma calata nel vissuto corporeo, odorata, gustata, toccata, ascoltata, vista, in una ricchezza continua di emozioni. L'individuo si sentiva integrato nel proprio ambiente, nell'archetipo dell'albero della vita.

L'aspetto aggressivo per piegare le cose a se stessi e ottenere soddisfazioni è legittimo nel rispetto altrui, ma se fatto nel prevaricatorio culto di sé (che costituisce l'aspetto paranoico-infantile di ciascuno) obnubila la consapevolezza istintiva e civica di essere parti di un insieme naturale e culturale. La consapevolezza che il mio dolore è anche quello dell'altro, che è più ragionevole lenirlo piuttosto che procurarlo, ha creato sistemi di convivenza e interesse reciproco. Ognuno può far del male , io agli altri e gli altri a me: quindi è meglio evitarlo alla radice. Questo equilibrio però è sempre stato rimesso in discussione da quelle spinte bestiali, infantili, paranoiche appunto, che ogni individuo si porta dentro. Quando queste diventano dominanti a livello sociale assistiamo a comportamenti distruttivi nei confronti della vita e della cultura. La consapevolezza umana della negatività di questo agire dannoso per la propria sopravvivenza, si nota dal fatto che nessun popolo tende ad ammettere di essere stato complice di genocidi e terrorismi, ma a giustificare i propri comportamenti. Insomma c'è una coscienza inscritta nell'uomo, vuoi frutto di tutta una evoluzione, vuoi scritta da una mano divina (o tutte e due le cose insieme come credo) che sembra andare oltre l'educazione. Ma non ci si può far troppo affidamento, il buon selvaggio di Rousseau o ancor prima di Ibn Tufail non funziona. Senza regole sane e una educazione intelligente il meglio dell'uomo non sboccia.

Il cosiddetto progresso dell'uomo bianco ha comportato avanzamenti tecnologici, scientifici e riflessioni filosofiche di tutto rispetto ma quell'equilibrio tra natura e cultura è sempre da ricercare e trovare. Fa parte del dinamismo della vita, essendo tutto in movimento anche il baricentro si sposta, per cui ogni volta va recuperato. Così nell'individuo così nella società.

Nella sua semplicità (senza per questo rimpiangerla) una comunità con uno stile arcaico di vita, vuoi indios o aborigena, possedeva più consapevolezza del proprio posto nella natura di quella di un "uomo civilizzato", intento a distruggere e avvelenare il suo ambiente per profitto come se, finito il suo ambiente, non dovesse morire pure lui. Dimenticata la totalità c'è solo la spinta egoistica di sopraffazione, di utilizzazione degli altri, della natura e delle cose. L'uomo ha finito per inventare ideologie folli per esaltare quell'aspetto bestiale, di autoaffermazione oltre ogni equilibrio e principio di realtà, ha pensato che Dio in realtà fosse lui stesso, manifestatosi nella sua storia, nei suoi grandi uomini (si veda gli idealismi e le loro applicazioni in Germania ed in Italia anni 40). Insomma ha giustificato il suo bambino onnipotente, la sua paranoia.

La società dunque ripropone il conflitto presente in ogni

persona, da una parte una pulsione di sopraffazione dall'altra il principio utile di realtà ovvero l'attenzione per i reciproci interessi affettivi e materiali, la benevolenza a costruire insieme senza paraocchi ideologici e tradizionali quanto può diventare un bene comune per la vita su questa terra per sé e per le generazioni future. Ogni prevaricazione individuale finisce per essere distruttiva, poiché fa dimenticare i limiti in cui è posto l'individuo e la sua specie. Spinto dal desiderio genetico all'immortalità (il fine dei geni è di perpetuarsi servendosi della accidentalità di un corpo) l'individuo ne diventa schiavo: successo, potere e gloria sono stimoli falsificanti il senso della realtà. Nel vissuto narcisistico l'uomo perde i suoi confini, anziché evolvere in conoscenza e saggezza cerca il mito della sua grandezza per passare alla storia (a livello biologico la dominanza serve solo per procreare di più ma l'uomo vivendola in modo narcisistico ne altera l'impulso originario fantasticando sulla sua importanza nel mondo, addirittura, il primo imperatore cinese, morì in seguito ad un avvelenamento da mercurio, sostanza capace, così gli hanno fatto credere i suoi alchimisti, di garantirgli l'immortalità fisica). Tutto finisce con un altro "asino" sacrificato sull'altare da un inconscio desiderio vitale di perpetuarsi e diffondersi a qualunque costo.

Il culto della personalità è sempre un fatto nevrotico o psicotico: il classico matto delle barzellette si identifica con Napoleone, comunque con un "grande". Dietro le figure che hanno cercato e ottenuto l'illusoria grandezza, da Nerone a Caligola, da Hitler a Stalin ci sono storie di profondi traumi e di estrema fragilità psichica. Anche dallo studio criminologico dei terroristi politici, stragisti, killer e capi di organizzazioni mafiose, emergono quadri psicologici simili, persone "corrazzate" da atteggiamenti di superiorità e di cinismo ma da un io bambino negato e a volte disperato. Nella fattispecie del mafioso la dipendenza verso la mamma assume spesso tratti parossistici mentre le altre donne sono viste come prostitute. Uno scambio adulto, affettivo, sincero e rispettoso con gli altri (del proprio e dell'altro sesso) per queste persone è difficile da realizzare. I rapporti sono visti in modo gerarchico, dall'alto verso il basso, secondo il vecchio schema del branco animale: l'offesa per le bestie è mettere in discussione la gerarchia, perfino con lo sguardo. Ciò non significa che questi capi non siano dotati di carisma, anzi amano le folle o il loro gruppo e sono contraccambiati. Il loro bisogno di conferma di avere un potere sulle masse o sulla loro cerchia, li porta a essere affabulatori e seduttori abilissimi, promettono e mentono in modo sistematico, spesso con un sorriso cronicizzato sul volto, ma la loro apparente umanità nasconde un cinismo calcolatore, in realtà si servono del prossimo in cui non riconoscono più "persone" reali, ma individui da utilizzare. Il non aver accesso all'intimità del proprio essere li porta a cercare di riempire la vita con svaghi, giochi, festini in posti lussuosi circondati da gente servile, opportunista ed arrivista. Il senso di solitudine è per loro spesso insopportabile. Se cercano emozioni con le prostitute fingendo a se stessi di conquistarle e scambiare intimità, è per via dell'impotenza a vivere storie vere, ad avventurarsi in sentimenti e riflessioni fuori dagli schemi comuni. Il nemico per loro è chi mette in discussione la loro invadenza, il loro potere, per cui si adoperano a zittirlo in tutti i modi. Evitano ogni tipo di contraddittorio poiché il rapporto alla pari, da adulto ad adulto, è deficitario nella loro struttura neurolinguistica. Se un'altra persona ha idee diverse necessariamente è uno che vuol fargli del male, vuole sottrargli il potere coi suoi giocattoli. Probabilmente in questo quadro ognuno di noi ha anche individuato tratti comuni a figure della propria esperienza, qualche capufficio e direttore, e se lo riconosce anche in se stesso, meno male, significa che non è matto (il quale mai metterà in discussione i propri lati negativi).

Dove c'è potere c'è avere. L'elefante marino lotta con gli altri maschi per il dominio di una spiaggia con le femmine, per avere la sua discendenza: questa è la sua ricchezza, ma le lotte lo sfiniscono. Si voglia o no, il meccanismo della competizione e dell'ambizione sociale umana ha la stessa radice biologica, ma l'uomo è anche cultura, capacità di spostare il bisogno di avere all'essere, non è importante diventare "qualcuno", ma vivere intensamente la propria vita: cercare, amare, capire. La vita degli animali, finalizzata com'è ad avere qualcosa sotto i denti, un territorio e una prole, è stancante e in fondo sempre la stessa da centinaia di milioni di anni. Se l'educazione punta sull'avere riproduce questa vita bestiale: bisogna sempre avere qualcosa per essere felici, bisogna sempre dimostrare di essere qualcuno. Questa è la triste logica del consumismo, triste perché non funziona sull'essere umano.

Non a caso la depressione è un fenomeno comune in quelle società che puntano sull'arrivismo individuale. Per emergere ci si stacca emotivamente dagli altri, dalla totalità della vita perdendo l'energia, la carica degli stimoli che essa sola può dare (ricordo a tal proposito l'ottimo testo di Lowen sul narcisismo).

All'opposto di un atteggiamento egocentrico c'è la capacità di amare, di fare, di mettersi in gioco con gli altri né per seguirli né per prevaricarli ma per lavorare insieme. Il potere personale è solo di chi non lo esercita per dominare (un sottomesso non scambia pensieri ed emozioni autentiche e quindi non favorisce neppure un caricarsi energetico vicendevole). Se c'è civismo ossia cose buone e giuste a vantaggio di tutti nel rispetto di tutti, c'è anche senso della bellezza e della fede nella vita e nel suo senso, quel che alcuni chiamano Dio. Piacere di vivere. L' esistenza si trasforma riponendo l'individuo nel suo limite terreno, ma aprendolo alla ricchezza infinita dello spirito. E' il ribaltamento psicologico considerato da Jung il fine umano ma poche volte il processo di trasformazione si compie appieno. Viene in mente il : "*Molti sono i chiamati ma pochi gli eletti*" del vangelo, chi è riuscito a"*Fare uscire il morto dal vivo ed il vivo dal morto*" del Corano. Gli altri? *Lascia che i morti seppelliscano i loro morti*"continua il Vangelo.

A livello psicopedagogico è di estrema importanza onorare sinceramente (soprattutto nelle scuole) quelle figure che si sono distinte in ogni civiltà per la scienza, per i diritti umani, nell'arte e nella giustizia. Viceversa bisognerebbe parlare di meno e con la dovuta criticità di quei balordi e gabba popolo che hanno dominato le nazioni e scatenato delle guerre. Troppa storia di conflitti e poca di civiltà. I modelli sono indispensabili nella crescita umana, gli esempi dimostrano come l'uomo possa essere meraviglioso e non una bestia arrogante.

Il boss mafioso riproduce quindi un fenomeno di squilibrio, di negatività interno alla specie umana o, più semplicemente, evidenzia un processo interrotto e deviato di maturazione individuale e sociale. Caratterizzare in qualcuno o in categorie il "mostro incivile" può risultare comodo, per sentirsi tra i benpensanti, ma non solleva dalla responsabilità di esserne in fondo complici quando simili comportamenti, in noi e in chi amministra, vengono lasciati passare con troppo disinvoltura. Ed è così che i criminali della società e della storia condannati da una parte, passano pure, nelle manipolazioni dei media, come dei buoni padri di famiglia o degli esempi a modello delle generazioni venture. Dai modelli di oggi si prepara quanto succederà nel futuro.

1) vedi tra gli altri lo studio del dr Lo Coco e la bibliografia pubblicata anche sul web *http://www.pol-it.org/ital/mafia.htm*

2) cfr. A Vallejo "Hitler" in "Pazzi celebri" ed. Mondadori. A latere, lo studio su Van Gogh è invece viziato da informazioni inesatte. Il famoso pittore conduceva certamente, a volte, una vita dissoluta tra prostitute e osterie ma era curato nel manicomio per le sue crisi epilettiche non perché ritenuto pazzo, aveva infatti le chiavi in mano per entrare e uscire quando voleva dall'istituto dove soggiornava in una cameretta privata con la possibilità di dipingere i pazienti. L'episodio dell'orecchio ben documentato da Gabriele Mandel nel suo Van Gogh edito da Rizzoli, si deve alla sua lettura di un manuale di agopuntura cinese nel quale si affermava di poter calmare la passionalità agendo sul lobo (c'è ancora il libro sottolineato in quel punto da lui), così in un momento di ubriachezza se lo tagliò per darlo alla prostituta, causa delle sue pene. Infine il presunto suicidio: egli soffriva di diverticolite ed è proprio con un colpo di striscio sulla superficie dell'addome che pensava di risolvere il problema. Se è vero che sono stranezze (ed in effetti non era certo un campione di buon senso) sarebbe ancor più strano un suicidio tentato sulla superficie della pancia per non ledere gli organi interni, morì infatti per dissanguamento. Le sue lettere a Teo dimostrano comunque che non era un visionario e uno psicotico, i momenti alterati come si è detto, sono dovuti a stati di ubriachezza e forse di privazione di sonno nelle dissolutezze.

3) la stessa intelligenza artefice di cultura e scienza, poggia sulle pulsioni terziarie. La fede, seppur circoscritta all'uomo e alle sue capacità, motiva la ricerca, dà un significato al lavoro, all'indagine razionale e sperimentale. Il civismo dà il senso del bene comune, la responsabilità delle scelte giuste, al fare, alla condivisione attenta dei beni e dei saperi. L'arte offre il gusto della scoperta, il piacere dell'osservazione. Il lavoro di uno scienziato è mosso dalla attrazione, dalla bellezza dell'oggetto studiato. Anche ridare la salute grazie ad una nuova terapia è bellezza (nessuno trova bello veder soffrire). Ci si dirà che uno scienziato può

lavorare solo per soldi e fama, ma questi stimoli esterni sono Non a caso la depressione è un fenomeno comune in quelle società che puntano sull'arrivismo individuale. Per emergere ci si stacca emotivamente dagli altri, dalla totalità della vita perdendo l'energia, la carica degli stimoli che essa sola può dare (ricordo a tal proposito l'ottimo testo di Lowen sul narcisismo).

All'opposto di un atteggiamento egocentrico c'è la capacità di amare, di fare, di mettersi in gioco con gli altri né per seguirli né per prevaricarli ma per lavorare insieme. Il potere personale è solo di chi non lo esercita per dominare (un sottomesso non scambia pensieri ed emozioni autentiche e quindi non favorisce neppure un caricarsi energetico vicendevole). Se c'è civismo ossia cose buone e giuste a vantaggio di tutti nel rispetto di tutti, c'è anche senso della bellezza e della fede nella vita e nel suo senso, quel che alcuni chiamano Dio. Piacere di vivere. L' esistenza si trasforma riponendo l'individuo nel suo limite terreno, ma aprendolo alla ricchezza infinita dello spirito. E' il ribaltamento psicologico considerato da Jung il fine umano ma poche volte il processo di trasformazione si compie appieno. Viene in mente il : "*Molti sono i chiamati ma pochi gli eletti*" del vangelo, chi è riuscito a"*Fare uscire il morto dal vivo ed il vivo dal morto*" del Corano. Gli altri? *Lascia che i morti seppelliscano i loro morti*"continua il Vangelo.

A livello psicopedagogico è di estrema importanza onorare sinceramente (soprattutto nelle scuole) quelle figure che si sono distinte in ogni civiltà per la scienza, per i diritti umani, nell'arte e nella giustizia. Viceversa bisognerebbe parlare di meno e con la dovuta criticità di quei balordi e gabba popolo che hanno dominato le nazioni e scatenato delle guerre. Troppa storia di conflitti e poca di civiltà. I modelli sono indispensabili nella crescita umana, gli esempi dimostrano come l'uomo possa essere meraviglioso e non una bestia arrogante.

Il boss mafioso riproduce quindi un fenomeno di squilibrio, di negatività interno alla specie umana o, più semplicemente, evidenzia un processo interrotto e deviato di maturazione individuale e sociale. Caratterizzare in qualcuno o in categorie il "mostro incivile" può risultare comodo, per sentirsi tra i benpensanti, ma non solleva dalla responsabilità di esserne in fondo complici quando simili comportamenti, in noi e in chi amministra, vengono lasciati passare con troppo disinvoltura. Ed è così che i criminali della società e della storia condannati da una parte, passano pure, nelle manipolazioni dei media, come dei buoni padri di famiglia o degli esempi a modello delle generazioni venture. Dai modelli di oggi si prepara quanto succederà nel futuro.

La mia vita è cosparsa di errori ma anche di correzioni. Posta tra due momenti ovvi e ordinari, la nascita e la morte, ma in mezzo, grazie a Dio, un sacco di cose bellissime!